COLECCI

Director de la colección:
A. González Hermoso

***

Adaptadora de *Trafalgar:*
Sonia Chirú Ochoa

***

La versión adaptada sigue la edición de *Trafalgar,* Episodios Nacionales, de Benito Pérez Galdós, Editorial Hernando. Madrid, 1989

Dirección y coordinación editorial:
Pilar Jiménez Gazapo
Adjunta dirección y coordinación editorial:
Ana Calle Fernández

Diseño de cubierta, maquetación:
Departamento de imagen EDELSA
Fotocomposición: Fotocomposición Crisol, S.A.
Fotografía portada: J. R. Brotons
Filmación: Alef de Bronce
Imprenta: Gráficas Movimar

I.S.B.N.: 84-7711-102-2
I.S.B.N. (de la colección): 84-7711-103-0
Depósito legal: M-8104-1995
Impreso en España

Lecturas clásicas graduadas

Desde los primeros momentos del aprendizaje del español, el estudiante extranjero se siente atraído por los grandes nombres de la literatura en español, pero, evidentemente, no puede leer sus obras en versión original.

De ahí el objetivo de esta colección de adaptar grandes obras de la literatura en lengua española a los diferentes niveles del aprendizaje: elemental, intermedio, avanzado.

En todos los títulos hay:

- Una breve **presentación** de la vida y obra del autor.

- Una **adaptación** de la obra con las características siguientes:
  - mantener los elementos importantes de la narración y la acción;
  - conservar todo lo más posible las palabras y construcciones del autor según el nivel (I, II, III) de la adaptación;
  - sustituir construcciones sintácticas y términos léxicos que sean difíciles o de poco uso en la actualidad.

- Una **selección** de partes significativas de la obra en su **versión original**. El lector, una vez leída la adaptación, puede seguir así los momentos principales del relato.

- La **lista de palabras** de la obra adaptada, agrupando en la misma entrada a las de la misma familia léxica e incluyendo las que se encuentran en nota. El lector puede elaborar así su propio diccionario.

- Una **guía de comprensión lectora** que ayuda a elaborar la **ficha resumen** de la lectura del libro.

Y en algunos títulos hay:

- Una casete audio que permite trabajar la comprensión oral.

- Una casete vídeo en versión original que complementa la lectura.

La colección de **Lecturas clásicas graduadas** pretende que el lector disfrute con ellas y que de ahí pase a la obra literaria íntegra y original.

Vida

Escritor español del siglo XIX.
Nació en Las Palmas de Gran Canaria (Islas Canarias) en 1843, siendo el último hijo de doña Dolores Galdós y del brigadier don Sebastián Pérez Macías.
Hizo sus estudios secundarios en el Colegio oficial de San Agustín, donde obtuvo su título de bachiller en septiembre de 1862, con excelentes notas.
Viajó a Madrid, donde empezó su carrera de escritor sin prestar gran atención a sus estudios de Derecho.
De 1863 a 1873 vivió intensamente. Fue estudiante, periodista, crítico de arte, dramaturgo, novelador, pintor, concertista de órgano y aprendiz de político.
Viajero infatigable, observador de todo, aprendió a valorar lo propio español para manifestarlo en sus escritos.
Fue elegido representante a Cortes por Puerto Rico en 1886.
Murió en Madrid en 1920.

Obra

Galdós resucita la novela española, a la que da fuerza con temas propiamente españoles. Así devuelve el gusto por lo español que se había perdido en el último siglo.
Es un escritor muy madrileño: la mayor parte de sus obras se ambientan en el Madrid del siglo XIX.
Escribe novelas de género realista y por su cantidad y calidad se le considera como un gran novelista de la época contemporánea.
Además de los *Episodios Nacionales* (46 novelas), escribió 32 novelas, entre las cuales muchas tienen gran fama (*La fontana de oro, Doña Perfecta, El amigo Manso, Fortunata y Jacinta, Tristana...*), 24 obras de teatro, y crónicas y artículos diversos.

Trafalgar, una novela histórica

Es la primera novela de la gran obra galdosiana llamada los *Episodios Nacionales*. Éstos constan de 5 series con 46 novelas en total.

Galdós

Los escribió entre 1873 y 1912 y se les ha considerado como «la historia poética de los orígenes de la España contemporánea».

Cada una de las novelas desarrolla un hecho histórico de la España del siglo XIX como tema central de la acción. A veces domina la historia, otras, es la novela la que domina.

La batalla de Trafalgar es un episodio de la guerra entre las potencias europeas a finales del siglo XVIII y principios del XIX. España, aliada a Francia, contra Inglaterra.

La batalla de Trafalgar es vista a través de los ojos de un niño de 14 años, Gabrielillo, que será el observador privilegiado de los *Episodios Nacionales* siguientes.

Es un relato de aventuras con muchas peripecias y un suspense en los elementos novelescos que se mantiene hasta el final.

Obra
Adaptada

I

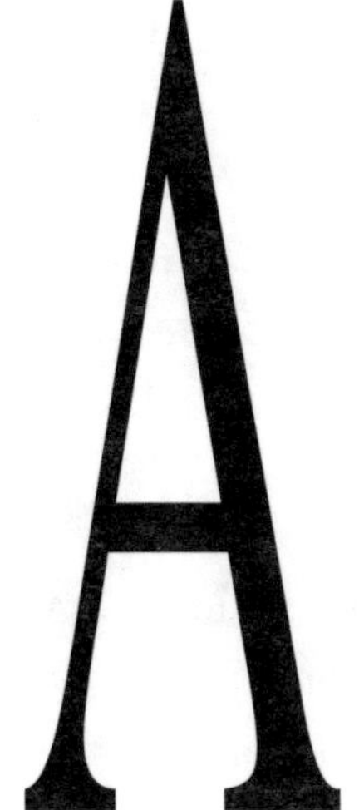

ntes de contar el gran hecho del que fui testigo voy a decirles algo sobre mi infancia.

Nací en Cádiz, en el barrio de la Viña que nunca ha sido, ni será, Academia de buenas costumbres[1]. Mi recuerdo más antiguo es de cuando tenía la edad de seis años y esto debido a un gran suceso naval que pasó en 1797: el combate[2] del cabo[3] San Vicente.

Me veo en aquel tiempo jugando en la Caleta[4] con otros chicos.

Mi mayor placer era mirar los barcos de guerra que fondeaban[5] frente a Cádiz o en San Fernando. Nunca pude acercarme[6] a aquellas naves[7]. Me parecían fantásticas y misteriosas.

En aquel tiempo siempre había combates navales y yo me imaginaba que las naciones hacían esos combates porque les daba la gana[8] o para demostrar su valor[9].

Oía hablar mucho de Napoleón y yo me lo imaginaba como alguno de esos contrabandistas[10] de Gibraltar: con botas y sombrero. Iba por ahí conquistando Europa con otros aventureros vestidos como él.

[1] ***costumbre:*** cosa que se hace siempre.
[2] ***combate:*** lucha entre gente armada.
[3] ***cabo:*** trozo de tierra que entra en el mar.
[4] ***Caleta:*** pequeña entrada de mar en la tierra y, aquí, playa de Cádiz.
[5] ***fondear:*** estacionar, hablando de barcos.
[6] ***acercarse:*** ir cerca.
[7] ***nave, navío:*** barco grande.
[8] ***les daba la gana:*** darle la gana a uno es querer, sin motivo justificado.
[9] ***valor:*** valentía, bravura. Tener valor es no tener miedo.
[10] ***contrabandista:*** persona que compra y vende ilegalmente.

Yo vivía con mi madre que era viuda y lavaba ropa para los marineros que llegaban al puerto[11]. Su único pariente era un hermano que tenía. Era un marinero de mala vida, que nos maltrataba cada vez que estaba en tierra. Mi madre, de tanto sufrir y trabajar, murió pronto y yo, para huir de mi tío, salí a la calle a ganarme la vida.

[11] ***puerto:*** lugar donde están los barcos.

Así estuve, hasta que por suerte conocí una casa donde los dueños me aceptaron y pronto pasé a ser el ayudante de don Alonso González de Cisniega, capitán de navío retirado[12]. Yo tenía 10 años.

[12] ***retirado:*** aquí, que ya no trabaja.

Hacía cuatro años que estaba en su casa de Vejer de la Frontera[13], cuando ocurrió lo que voy a contar.

[13] ***Vejer de la Frontera:*** ciudad de Andalucía.

II

En uno de los primeros días de octubre de 1805 me llamó mi amo[14] y me dijo:

[14] ***amo:*** patrón, el dueño de la casa.

-Gabriel, ¿eres tú hombre de valor?

Al principio no supe qué contestar. En mis catorce años de vida no se me había presentado aún la ocasión de asombrar[15] al mundo con algún hecho heroico; pero me llenó de orgullo el oírme llamar *hombre* y contesté:

[15] ***asombrar:*** sorprender.

V. O. nº 1 en pág. 67

-Sí, mi amo; soy hombre de valor.

Aquel hombre, héroe en cien combates gloriosos, sonrió ante mí, me hizo seña[16] de sentarme. Ya iba a informarme de algo importante cuando su esposa entró de pronto en el despacho:

-No, no irás...; te aseguro que no irás a la escuadra[17]. ¡Pues no faltaba más!... ¡Ay Alonsito, has llegado a los setenta años, y ya estás muy viejo para esas aventuras!

Era una mujer hermosa en su vejez[18] y su belleza habría sido perfecta de haber sido muda[19] como una pintura.

Don Alonso, un poco acobardado[20], le contestó:

-Necesito ir, Paquita. Según la carta que acabo de recibir de Churruca, la escuadra debe salir de Cádiz a provocar el combate con los ingleses. La cosa va a ser sonada[21].

-Bueno, me alegro -dijo doña Francisca-. Ahí están todos los demás. Que les den duro a esos perros ingleses. Pero tú no sirves para nada. Todavía no puedes mover el brazo izquierdo que te rompieron en el cabo de San Vicente.

[16] ***seña, señal:*** gesto o movimiento con que se expresa algo.

[17] ***escuadra:*** aquí, conjunto de barcos de guerra.

[18] ***vejez:*** calidad de viejo.

[19] ***ser mudo:*** no poder hablar.

[20] ***acobardado:*** con miedo, menos valiente.

[21] ***ser sonada una cosa:*** ser muy importante, algo de lo que se habla mucho.

V. O. nº 1 en pág. 67

Mi amo movió el brazo izquierdo para demostrar que sí lo tenía bueno. Pero doña Francisca, no convencida, continuó gritando:

-No, no irás a la escuadra, porque allí no hacen falta cosas antiguas como tú. Ya no tienes cuarenta años como cuando fuiste a la Tierra del Fuego... Ahora... ¡Oh San José bendito! ¡Qué podía saber yo, cuando era joven, lo que era la gente de mar! Se casa una para vivir con su marido, y a lo mejor viene una orden de Madrid que me lo manda a la Patagonia, al Japón o al mismo infierno. Diez meses después, si no se lo comen los señores salvajes, vuelve enfermo y amarillo. ¿Qué hacer para volverle a su color natural?... Y otra vez otro papelito de Madrid... Vaya usted a Tolón, a Brest o a Nápoles, donde le da la gana al Primer Cónsul...[22] ¡Ah! ¡Cuándo las va a pagar ese señorito[23] que tantos problemas trae al mundo!

[22] ***El Primer Cónsul:*** título de Napoleón Bonaparte antes de ser declarado emperador en Francia.
[23] ***señorito:*** joven señor. Aquí es irónico.

Mi amo miró sonriendo una mala estampa[24] de Napoleón clavada en la pared.

[24] ***estampa:*** imagen.

-La culpa de todo la tiene Marcial. Ese maldito marinero debió ahogarse[25] cien veces y cien veces se ha salvado. Si él quiere volver a embarcarse[26], que vaya en buena hora, y ojalá no vuelva a aparecer por aquí; pero tú no irás, Alonso, tú no irás porque bastante has servido al Rey. Y muy mal que te ha pa-

[25] ***ahogarse:*** morir bajo el agua por no poder respirar.
[26] ***embarcarse:*** tomar, subir al barco.

[27] ***almirante:*** más alto grado en la marina.

gado. Con tus servicios, por lo menos debías ser almirante[27] y no simple capitán.

-Almirante o no, yo debo ir a la escuadra, Paquita -dijo mi amo-. Yo no puedo faltar a ese combate. Tengo que cobrar a los ingleses cierta cuenta atrasada[28].

[28] ***cuenta atrasada:*** deuda, algo que se debe.

[29] ***tos perruna:*** tos de perro, parecida a la de un perro.

Mientras tanto, una tos perruna[29] se oía en la habitación inmediata. Era Marcial, que impaciente por participar en la discusión, estaba oyendo a mi ama. Por fin abrió la puerta y entró en la habitación.

III

Antes de seguir adelante con mi historia quiero dar algunas noticias de estos tres personajes.

[30] ***carrera naval:*** profesión de militar en la marina de guerra.
[31] ***rendirse:*** no seguir combatiendo.

Don Alonso Gutiérrez de Cisniega pertenecía a una antigua familia de Vejer. Desde muy joven se dedicó a la carrera naval[30] y se distinguió honrosamente en diversos combates contra los ingleses. Terminó su gloriosa carrera en el infeliz encuentro del Cabo San Vicente. Era capitán del navío *Mejicano* que tuvo que rendirse[31]. Desde entonces, mi amo se retiró del servicio, triste y enfermo.

Doña Francisca era una señora excelente, ejemplar, noble, caritativa y discreta, pero con el peor genio que he conocido en mi vida. Hay que decir que ese matrimonio, en cincuenta años, no tuvo más que una hija: la encantadora Rosita. Por esta razón y otras más, doña Francisca pedía al Cielo la destrucción total de todas las escuadras europeas.

Debo decir también que mi amo no les tenía miedo a los ingleses, ni a los franceses, ni a los argelinos, ni a los salvajes del estrecho de Magallanes, ni al mar irritado, ni a los monstruos acuáticos, ni a la tempestad, ni al cielo, ni a la tierra. No tenía miedo a ninguna cosa creada por Dios, excepto a su bendita mujer.

El marinero Marcial era el gran amigo de don Alonso. Los marineros lo llamaban *Medio-hombre*. Había sido contramaestre[32] en los barcos de guerra durante cuarenta años. Era viejo, con muchas cicatrices[33] en la cara. Le faltaba una pierna, el ojo izquierdo y la mitad de un brazo. Su historia era la historia de la Marina española del siglo pasado.

Después de navegar en muchos barcos, Marcial se había retirado a los sesenta y seis años. Ahora, este resto glorioso de un héroe se dedicaba a cuidar a un nieto que tenía. Pero al saber que la escuadra se

[32] ***contramaestre:*** en la marina, el marinero que manda las maniobras.
[33] ***cicatriz:*** señal que queda de una herida.

preparaba para un gran combate, renació en su pecho el entusiasmo de antes.

Don Alonso, por su parte, también sintió lo mismo y en sus conversaciones nació el proyecto de embarcarse una vez más en la escuadra.

IV

La entrada de Marcial en la habitación no cambió para nada la actitud de doña Francisca.

A pesar de todas las historias llenas de entusiasmo de los dos amigos, no pudieron convencerla.

Doña Francisca se oponía al proyecto de su marido por otra razón mucho más poderosa: el próximo matrimonio de Rosita. La boda era para finales de octubre y la ausencia del padre de la novia[34] habría sido inconveniente.

El día de toda esta discusión entre mi amo y su señora esposa, mi amita[35] andaba muy triste. El señor Malespina, su novio, no había aparecido aquel día. Yo le había buscado por todas partes sin encontrarle. Llegó la noche. La tristeza de Rosita creció, pues de seguro no le vería antes del día siguiente. Pero de pronto, sonaron fuertes golpes a la puerta. Fui a

[34] ***novia:*** la joven que se va a casar.

[35] ***amita:*** ama pequeña. Aquí, la hija de la familia.

abrir corriendo, y era él. Era un joven realmente hermoso.

Algo grave ocurría. Mi amita comprendió rápido que el motivo de la visita no sería agradable.

[36] ***despedirse:*** decir adiós.

-Vengo a despedirme[36] -dijo Malespina.

-¿Pues, qué pasa? ¿Adónde va usted, don Rafael? -le preguntó doña Francisca.

[37] ***artillería:*** cuerpo militar que combate con máquinas de guerra: armas pesadas y de fuego.

Malespina era oficial de artillería[37] .

-Como no hay bastante personal en la escuadra -explicó- han dado la orden de que nos embarquemos para hacer allí el servicio. Se cree que el combate es inevitable y en la mayoría de los barcos necesitan artilleros[38].

[38] ***artillero:*** especialista de las armas de fuego.

- ¡Jesús, María y José! -exclamó doña Francisca- ¿A usted también se lo llevan? Pero usted es de tierra, amiguito. Dígales que usted no puede ir, que usted se va a casar. Que si necesitan gente, que la busquen.

-Pero mujer -dijo tímidamente don Alonso- ¿no ves que es necesario...?

-A ti todo te parece bien si es por los barcos de guerra. Pero, ¿quién ha mandado embarcar a los oficiales de tierra? A mí no me digan: eso es cosa del señor Bonaparte. ¿Y cuándo se va usted?

-Mañana mismo. Debo presentarme al instante en Cádiz.

Imposible describir lo que vi en la cara de mi señorita cuando oyó aquellas palabras. Los dos novios se miraron y un largo y triste silencio llenó la habitación.

Todas las protestas de doña Francisca fueron inútiles. No quedó otra solución que dejar a los novios solos para tan triste despedida.

V

A la mañana siguiente se preparaba una gran sorpresa para mí. Imagino la furia de mi ama. Mi amo y su amigo Marcial aprovecharon[39] que doña Francisca estaba en misa con Rosita, para escaparse[40]. Marcial llegó con un coche:

-Vámonos antes de que ella venga -dijo.

Tomé la maleta de mi amo y salimos por la puerta de atrás para no ser vistos. Y así salimos en dirección a Cádiz donde los dos marineros tenían la in-

[39] ***aprovechar:*** utilizar la oportunidad.
[40] ***escaparse:*** irse sin autorización.

V. O. nº 2 en pág. 67

tención de embarcarse. En camino nos encontramos con Malespina y su padre. El futuro suegro[41] de mi amita era el hombre más embustero[42] y hablador que nunca he visto.

[41] ***suegro:*** el padre del esposo o de la esposa.
[42] ***embustero:*** mentiroso.

Al llegar a Cádiz fuimos a vivir en casa de doña Flora, una prima de mi amo. Doña Flora de Cisniega era una vieja que insistía en permanecer joven.

Era de aquellas personas que sabían todo lo que pasaba en Madrid y París y así pudo informar a mi amo:

-Lo principal es que todos los marinos de aquí están muy descontentos del almirante francés. Les tiene miedo a los ingleses y todos nuestros oficiales están muy mal por tener que servir a un hombre como ése. Dicen que también Bonaparte está muy descontento de Villeneuve y que va a destituirle.

Al día siguiente, mi amo recibió la visita de Churruca, un general de Marina amigo suyo. Éste le confirmó el descontento de los oficiales españoles ante la incompetencia del almirante francés. Nadie le tenía confianza después de los muchos errores del pasado.

-Nosotros -decía Churruca- podríamos hacer la guerra a la defensiva dentro de la bahía. Pero si Villeneuve decide salir de la bahía, tendremos que obedecer. Todo esto porque la Corte de Madrid se ha sometido ciegamente[43] a Bonaparte, quien a cambio

[43] ***ciegamente:*** sin mirar, aceptándolo todo.

de esta esclavitud ni siquiera nos da un jefe digno de tantos sacrificios. Villeneuve va a tratar, en un día, de reconquistar la reputación perdida en muchos.

Las palabras de Churruca me impresionaron mucho. Yo era aún un niño y me interesaba mucho en aquellas cosas. Después, leyendo la Historia, he podido ayudar a mi memoria y narrar los hechos con bastante exactitud.

VI

Octubre era el mes, y 18 el día.

Nos levantamos muy temprano y fuimos al muelle[44]. Ahí nos esperaba un bote[45] que nos condujo a bordo.

¡Cuál no fue mi entusiasmo y mi alegría al verme cerca del *Santísima Trinidad,* el mayor barco del mundo, con el que tanto había soñado!

Cuando llegamos junto al inmenso navío, levanté la vista. Vi las tres filas de cañones[46] amenazadores y, ante aquel monstruo, mi entusiasmo se volvió miedo. Pálido e inmóvil, tomé el brazo de mi amo.

Pero en cuanto subimos a bordo, respiré con alegría. Todo era grandioso. Los altos mástiles[47], el cielo, la

[44] ***muelle:*** aquí, lugar del puerto donde llegan los barcos.
[45] ***bote:*** aquí, pequeña embarcación.
[46] ***cañón:*** armamento pesado.
[47] ***mástil:*** palo vertical que sirve para sostener las velas.

V. O. nº 3 en págs. 67-68

bahía, el orden que reinaba por todas partes, los uniformes. Todo esto, nuevo para mí, me absorbió tanto, que ahí me quedé mirándolo todo, sin acordarme de nada más. La belleza de aquellos navíos era comparable a la de nuestras catedrales góticas.

El *Santísima Trinidad* tenía cuatro puentes[48]. Los mayores navíos del mundo tenían sólo tres. El interior era maravilloso para mí. La distribución de los compartimentos: para la artillería, para la tripulación[49], para el depósito de víveres, las cámaras[50] para los jefes, la cocina...

[48] ***puentes:*** aquí, pisos, niveles del navío.
[49] ***tripulación:*** marineros y oficiales de un navío.
[50] ***cámara:*** sala, habitación.

Estaba yo ocupado en la contemplación de toda aquella maravilla, cuando de pronto sentí un fuerte golpe. Volví la vista y lancé un grito de horror al ver al hombre que me tiraba de las orejas. Era mi tío. Aquél que nos hacía sufrir a mi madre y a mí.

-¿Qué buscas tú aquí, eh? -me dijo en el tono de siempre.- ¿Quieres aprender el oficio[51]? Oye, Juan, -añadió, hablando a un marinero de feroz aspecto- súbeme a éste a la verga[52] mayor para que camine allá arriba.

[51] ***oficio:*** trabajo, profesión.
[52] ***verga:*** mástil, palo para las velas.

Algunos de los amigos de mi tío quisieron maltratarme, pero me escapé explicando con mucha cortesía que estaba al servicio de don Alonso Cisniega y, sin esperar más, me marché en busca de mi amo.

En la cámara, mi amo hablaba con el comandante del barco. Oí que el general francés había dado la orden de salir a la mañana siguiente.

Esto alegró mucho a Marcial. Él con otros marineros hablaba del próximo combate. Era un grupo de marineros de verdad. No como los amigos de mi tío, que eran perezosos[53] y no conocían el oficio. Escuchando los comentarios de Marcial supe que Malespina, el novio de mi amita, se había embarcado en el *Nepomuceno.* Todas las conversaciones iban al mismo punto: el próximo combate.

[53] ***perezoso:*** que no le gusta trabajar.

La escuadra debía salir al día siguiente. ¡Qué placer! Navegar en aquel gigantesco barco; presenciar una batalla en medio de los mares; ver cómo se apresaban[54] los buques[55] enemigos. ¡Qué hermosa fiesta! Y luego volver a Cádiz cubiertos de gloria... Ya me imaginaba yo, contando con superioridad todas aquellas acciones.

[54] ***apresar:*** hacer prisionero.
[55] ***buque:*** barco, navío.

VII

Amaneció[56] el día 19. Aún no había amanecido cuando ya estaba yo en el alcázar[57] de popa[58] con mi amo.

[56] ***amanecer:*** salir el sol por la mañana.
[57] ***alcázar:*** aquí, parte superior del barco donde está el puesto de mando.
[58] ***popa:*** parte posterior del barco.

[59] ***fragata:*** barco de tres palos.
[60] ***bergantín:*** barco de tres palos y vela cuadrada o redonda.

El espectáculo era maravilloso. Treinta y dos navíos, cinco fragatas[59] y dos bergantines[60] españoles y franceses. Nunca he visto mañana más hermosa. El mar estaba tranquilo y, bajo el cielo azul, las cuarenta naves se ponían en marcha formando la más bella escuadra nunca vista.

[61] ***campana:*** aquí, instrumento que se hace sonar en las iglesias para llamar a los habitantes.
[62] ***misa:*** ceremonia religiosa.

El panorama de la ciudad de Cádiz se iba desarrollando ante nuestros ojos y al mismo tiempo se oían las campanas[61] que llamaban a misa[62].

[63] ***anochecer:*** caer la noche.

El cielo se puso oscuro por la tarde y, al anochecer[63], Cádiz se fue perdiendo poco a poco entre la bruma. La escuadra tomó hacia el sur.

Yo no me separé de Marcial, que explicaba el plan de Villeneuve así:

[64] ***corneta:*** instrumento de música. Aquí, sobrenombre burlesco de Villeneuve.
[65] ***vanguardia:*** parte de delante de una formación militar.
[66] ***retaguardia:*** parte de detrás de una formación militar.

-*Monsieur Corneta*[64] ha dividido la escuadra en cuatro cuerpos. La vanguardia[65], mandada por Alava, tiene siete navíos; el centro, tiene siete también y lo manda *Monsieur Corneta* en persona; la retaguardia[66], también de siete, va mandada por Dumanoir, y el cuerpo de reserva con 12 navíos mandado por Don Federico. No parece mal todo esto. Los barcos españoles van mezclados con los franceses para que no nos dejen abandonados como sucedió en Finisterre. El francés ha dicho que si el enemigo se nos presenta bajo el viento formaremos línea de batalla y caeremos sobre él. Porque el francés se cree que Nelson es tan tonto como para presentarse en posición tan favorable para nosotros. Si el enemigo se presenta contra el viento, tendrá que separarse para atacarnos. Nosotros le esperaremos en línea de batalla y, como él no podrá romper la línea, los venceremos muy fácil. A este señor todo le parece fácil. Dice también que no hará señales, y que todo lo espera de cada capitán... ¡Cuidado con un almirante que llama a sus capitanes el día antes de una batalla y les dice que haga cada uno lo que le dé la gana!... Dios vaya con nosotros, y nos libre[67] de amigos franceses por siempre jamás amén.

[67] ***librar:*** salvar, liberar de un peligro.

Marcial habló hasta muy tarde en la noche. Se habló de profesión naval y de ciencia diplomática. La noche fue serena, navegábamos con viento fresco. Yo me paseaba entre los marineros haciéndoles ver que yo estaba allí para alguna cosa útil.

VIII

Al amanecer del día 20, el viento soplaba con mucha fuerza. Los navíos estaban muy distantes unos de otros. Después de mediodía se calmó el viento y el navío almirante hizo señales de formar las cinco columnas: vanguardia, centro, retaguardia y los dos cuerpos de reserva.

El viento soplaba del sur oeste y la escuadra, recibiéndolo por estribor[68], marchó en dirección del Estrecho[69]. Por la noche vimos algunas luces, y al amanecer del 21 vimos 27 navíos que venían en posición contra el viento. Hacia las ocho, los 33 barcos de la flota enemiga estaban a la vista formados en dos columnas. Nuestra escuadra formaba una larguísima línea. Las dos columnas de Nelson en forma de V iban a cortar nuestra línea por el centro.

[68] ***estribor:*** lado derecho del barco.
[69] ***Estrecho:*** aquí es el de Gibraltar, entre África y España.

Villeneuve agravó la situación. Ordenó dar media vuelta y el viento nos llegó entonces por babor[70]. Esto era para volver pronto al puerto si era necesario, pero entonces la vanguardia se convirtió en retaguardia y lo contrario. Todos en el *Trinidad* criticaron la maniobra. Los barcos, con poco viento y también por el peso de muchos, no pudieron volver a formar fila. Nuestra línea estaba rota.

[70] ***babor:*** lado izquierdo del barco.

Observando las maniobras de los barcos más cercanos[71], *Medio-hombre* decía:

[71] ***cercano:*** que está cerca.

-La línea es más larga que el camino de Santiago[72]. Señores, nos van a dar golpe por el centro. ¿Cómo van a venir a ayudarnos el *San Juan* y el *Bahama* que están a la cola? Con este viento, los ingleses

[72] ***Camino de Santiago:*** camino que tomaban los peregrinos para ir a Santiago de Compostela desde Francia por todo el norte de España.

V. O. nº 4 en pág. 68

pueden atacarnos como quieran. Tendremos que defendernos como podamos. Lo que digo es que Dios nos ayude y nos libre de franceses por siempre jamás amén.

Una operación anterior al combate me impresionó mucho. Oí que dijeron:

-¡La arena, extender la arena!

Pasando de mano en mano los sacos de arena llegaron hasta cubierta[73]. Cuál no fue mi sorpresa al ver que la extendían por todas partes cubriendo toda la superficie del navío. Curioso, pregunté a uno que tenía al lado.

[73] ***cubierta:*** piso, suelo del barco.

-Es para la sangre -me contestó con indiferencia.

-¡Para la sangre! -repetí con terror. Por un instante me sentí cobarde[74].

[74] ***cobarde:*** sin valor, con miedo.

Los ingleses avanzaban para atacarnos en dos grupos en forma de V. El primero traía a la cabeza al *Victory* mandado por Nelson. El otro traía al *Royal Sovereign,* mandado por Collingwood.

Eran las doce menos cuarto. El terrible instante se aproximaba. La ansiedad era general.

De repente nuestro comandante dio una orden terrible. La repitieron los contramaestres. Había que detener la marcha del *Trinidad* para acercarlo al *Bucentauro,* que venía detrás. Parecía que el *Victory* quería cortar la línea entre los dos navíos. Toda la tripulación entró en movimiento para ejecutar la maniobra.

Yo, por mi parte, estaba tan seguro de la victoria, que los ingleses me inspiraban compasión y los admiraba al verlos buscar una muerte tan segura.

De pronto, un gran ruido me sacó de mis pensamientos. Una sacudida violenta me hizo retroceder[75]. Fue el primer cañonazo[76].

[75] ***retroceder:*** ir hacia atrás.
[76] ***cañonazo:*** tiro de cañón.

El *Victory* se dirigió hacia nosotros. El momento terrible había llegado: cien voces dijeron ¡fuego!, repitiendo en eco la voz del comandante. Salieron cincuenta proyectiles contra el navío inglés. El humo me cegó[77] por un momento. Pero el enemigo, ciego de coraje, se venía hacia nosotros. Al llegar muy cerca descargó sus cañones contra nosotros.

[77] ***cegar:*** impedir ver.

El *Bucentauro* también hacía fuego contra el *Victory* y el *Temerary,* otro poderoso navío inglés. Parecía que el navío de Nelson iba a caer en nuestro poder, porque la artillería del *Trinidad* le había causado muchos destrozos[78].

[78] ***destrozo:*** destrucción, daño.

No me di cuenta de que algunos de nuestros marineros caían heridos[79] o muertos. Sólo veía al comandante que mandaba desde el alcázar con serenidad heroica.

[79] ***caer, estar o ser herido:*** sufrir daños en el cuerpo.

El *Trinidad* estaba destrozando al *Victory*. De pronto, el *Temerary,* otro barco inglés, ejecutando una habilísima maniobra, se interpuso entre los dos combatientes, salvando a su compañero de nuestras balas. Inmediatamente maniobró para pasar entre el *Bucentauro* y nosotros y atacarnos por babor. Pronto llegó el *Neptune,* otro poderoso navío inglés, y el *Trinidad* se vio en medio de enemigos que disparaban[80] por todos lados. Estábamos perdidos. Estábamos envueltos por el enemigo que nos lanzaba una terrible lluvia de balas. Igual le sucedía al *Bucentauro.*

[80] ***disparar:*** lanzar proyectiles con un arma.

IX

Con la mala maniobra inicial, todos los otros barcos estaban demasiado lejos para poder ayudarnos. Otros se batían[81] lejos en posición bastante mejor. Mientras que el *Trinidad* y el navío almirante, sin poder disponer de sus movimientos, atrapados por el genio del gran Nelson, luchaban heroicamente. No por una victoria imposible, sino por morir con honra.

[81] ***batirse:*** pelear, luchar.

El espectáculo en el interior del *Santísima Trinidad* era el de un infierno. Ya no se hacía ninguna maniobra[82]. De todos modos el barco no podía moverse. Todo el trabajo era cargar las piezas de artillería para responder golpe por golpe al enemigo.

[82] ***maniobra:*** aquí, movimientos del barco.

Tuve que ayudar a llevar heridos a la bodega[83]. Ahí estaba la enfermería. Algunos morían antes de llegar. También tuve que ayudar a los carpinteros[84] que reparaban como podían los agujeros[85] en los cascos[86].

[83] ***bodega:*** aquí, parte más profunda del barco.
[84] ***carpinteros:*** los que trabajan la madera.
[85] ***agujeros:*** hoyos, huecos.
[86] ***casco:*** aquí, cuerpo del barco.

La sangre corría por todas partes y las balas de cañón mutilaban[87] horriblemente los cuerpos.

[87] ***mutilar:*** romper, cortar.

El barco crujía[88] y el agua empezaba a entrar por mil agujeros. La bodega iba llenándose de agua.

[88] ***crujir:*** hacer ruido como cuando se rompe algo sólido.

El navío almirante, el *Bucentauro,* se rindió ante nuestra vista. Villeneuve había bajado la bandera. Si el jefe de la escuadra se entregaba, ¿qué esperanza nos quedaba?

Todo el fuego enemigo se vino contra nosotros. Mi entusiasmo del principio se transformó en terror que me paralizaba. Pero mi curiosidad me llevaba a los sitios más peligrosos. Ya no ayudaba en nada, pues ni siquiera llevaban a los heridos a la bodega.

Entre los que aún servían vi a Marcial. Se multiplicaba, gritaba y hacía de contramaestre, marinero, artillero. Todo lo que había que hacer en tan terribles instantes. Estaba herido en la cabeza y la sangre le corría por la cara.

Alcé la vista y vi que el general Cisneros había caído. Mi amo continuaba allí. De su brazo izquierdo corría mucha sangre. Corrí para ayudarle. En ese momento un oficial se le acercó intentando convencerle de bajar a la cámara. No había pronunciado dos palabras cuando una bala le destrozó la mitad de la cabeza. Muy pálido, don Alonso se retiró.

El comandante quedó solo arriba. Permanecía en su puesto dirigiendo aquella acción desesperada[89]. Un oficial subió a tomar órdenes y cayó muerto a los pies de su jefe. Otro que estaba a su lado, también cayó malherido. Uriarte quedó al fin enteramente solo en el alcázar cubierto de muertos y heridos. Ni aun entonces dejó de mirar hacia los barcos ingleses. Nada podía cambiar su decisión de sostener el fuego hasta morir.

[89] *desesperada:* sin esperanza.

Casi todos los cañones habían callado. La mitad de la gente estaba fuera de combate. Impulsado por mi curiosidad salí de la cámara, y enseguida oí una voz:

-¡Gabrielillo, aquí!

Marcial me llamaba. Fui pronto hasta él. Dos marineros muertos estaban en el suelo a su lado. Otro, gravemente herido, trataba de seguir cargando el cañón.

-Amigo -le dijo Marcial-, ya tú no puedes encender un cigarrillo.

Le quitó el botafuego[90] al herido y me lo dio.

[90] ***botafuego:*** palo para poner la mecha encendida en el cañón.

-Toma, Gabrielillo; si tienes miedo, vas al agua.

Diciendo esto, cargó el cañón y gritó: "¡Fuego!". Acerqué la mecha[91] y el cañón disparó.

[91] ***mecha:*** cuerda inflamable.

La operación se repitió una y otra vez. Ser un actor en aquella tragedia me quitó el miedo.

"¡Ah!, si todos pudieran verme ahora... -pensaba- ¡Qué valiente estoy, disparando cañonazos como un hombre! Por lo menos dos docenas de ingleses he mandado al otro mundo."

De pronto un gran ruido nos paralizó. El palo mayor se cayó y se llevó otros más, del mismo golpe. El navío quedó lleno de escombros y el desorden fue grandísimo.

Herido sin gravedad en la cabeza, busqué a Marcial y no lo encontré. Miré hacia el alcázar. El comandante había caído gravemente herido. Dos marine-

V. O. nº 5 en pág. 68

ros lo llevaron a la cámara. Corrí hacia allá y entonces una bala me hirió en el hombro.

La sangre que corría de mi hombro y la impresión me dejaron sin conocimiento por un momento. Me pareció oír ruidos y gritos:

[92] ***abordaje:*** acción de abordar, saltar de un navío a otro.
[93] ***hacha:*** herramienta para cortar la madera.

-¡Abordaje!...[92] ¡Las hachas!...[93]

Más tarde otra voz que decía:

-El *Trinidad* no se rinde.

¿Era la voz de Marcial?

Me sentí despertar. Vi a mi amo con la cabeza entre la manos. Me acerqué a él y el pobre anciano me abrazó como a un hijo. ¿Estábamos los dos cerca de la muerte?

[94] ***cesar:*** terminar, suspender.

Salí a buscar agua para mi amo y vi cómo bajaban la bandera. El *Trinidad* se rendía. El fuego cesó[94] y los ingleses entraron en el barco vencido.

X

[95] ***hundirse:*** irse al fondo (aquí, del mar).

Cuando cesó el fuego todos los que quedábamos vivos vimos, con horror, que los destrozos del navío eran tan grandes que amenazaba con hundirse[95] y llevarnos a todos al fondo del mar.

V. O. nº 6 en págs. 68-69

Entraron en él los ingleses y enseguida un grito resonó unánime:

-¡A las bombas!

Aquellas máquinas imperfectas sacaban menos agua que la que entraba. De repente, un grito, aún más terrible:

-¡Que se ahogan los heridos!

La mayoría de la tripulación dudó entre seguir sacando agua o ir a auxiliar a los heridos. Por suerte, la gente de un navío inglés vino a ayudarnos. Éstos no sólo transportaron a los heridos, sino que también pusieron mano a las bombas, mientras sus carpinteros trataban de reparar los daños del casco. Ese día cambié mi opinión sobre los ingleses. Yo pensaba hasta entonces que no eran más que piratas sanguinarios sin Dios ni Patria. Allí demostraron ser hombres de valor y de honor.

Cansado fui a buscar a mi amo. Un oficial inglés le daba detalles del combate. Los navíos capturados, los que habían huído...

-¿Y el *Nepomuceno*? ¿Y Churruca? -preguntaba angustiado mi amo.

-Ha sido capturado. Churruca ha muerto -dijo el inglés con tristeza.

-¡Oh!... ¡Ha muerto! ¡Ha muerto Churruca! -exclamó mi amo-. Pero el *Bahama* de seguro se ha salvado.

-También ha sido apresado.

-¡También! ¿Y Galiano? Galiano es un héroe y un sabio.

-Sí -dijo tristemente el inglés- pero ha muerto también.

-¿Y qué es del *Montañés*? ¿Qué ha sido de Alcedo?

-Alcedo... también ha muerto.

Mi amo no pudo reprimir su pena y llorar por sus compañeros muertos.

-Pero ustedes habrán sufrido pérdidas también...

-Una, sobre todo, irreparable -contestó el inglés tan triste como mi amo-. Hemos perdido al valiente entre los valientes, al heroico almirante Nelson.

Y del mismo modo que mi amo, el oficial inglés se puso las manos en la cara y lloró con verdadero dolor, al jefe y al amigo.

XI

La batalla continuaba. Veíamos a lo lejos pasar uno que otro barco en mal estado. Alguno iba remolcado[96] por un barco inglés.

[96] ***remolcar:*** aquí, llevar un navío a otro tirado con un cable.

Nuestro navío, el *Trinidad,* estaba en muy mala situación. Al venir la noche, empezó un violento temporal[97]. El *Trinidad* no podía maniobrar y el viento y las olas azotaban el navío y lo llevaban a la deriva. Un navío inglés intentó remolcarnos. Imposible.

[97] ***temporal:*** mal tiempo; tormenta.

Yo me estaba muriendo de hambre y de cansancio. Me fui hasta la cocina a ver si encontraba algo que comer, y fue muy grande mi sorpresa al ver a Marcial echándole al estómago lo que encontraba. La herida no era de gravedad. Una bala le había llevado el pie derecho... el de su pata de palo.

-Toma Gabrielillo -me dijo dándome unas galletas- barco sin lastre[98] no navega.

[98] ***lastre:*** peso que se lleva en las embarcaciones para darle estabilidad.

En medio de la noche, muerto de frío, me fui a la cámara para intentar dormir. Pero, ¿quién podía dormir entre tanta confusión? Había que asistir a los heridos. Éstos no podían descansar con los movimientos del navío. En un rincón de la cámara estaban los oficiales muertos, cubiertos con la bandera. Había marineros muertos por todas partes.

No olvidaré nunca el momento en que todos esos cuerpos fueron echados al mar. Como eran 400 marineros muertos, todos los hombres útiles tuvieron que servir en este trabajo. Yo tuve que ayudar en tan triste servicio, y algunos cuerpos cayeron al mar ayudados de mi mano. Entonces pasó algo que me llenó de terror. Al levantar un cadáver completamente desfigurado, algunos marineros se permitieron burlas. "Ya las ha pagado todas juntas... No volverá a hacer de las suyas" -decían. Aquello me indignó; pero mi indignación se transformó en una mezcla de respeto, de pena y de miedo cuando al mirar atentamente el cadáver reconocí en él a mi tío... Cerré los ojos con horror y no los abrí hasta que el ruido me indicó que había desaparecido para siempre.

Aquel hombre había sido muy malo para mí, muy malo para su hermana; pero era el hermano de mi madre, sangre de mi sangre, por eso tenía que perdonar.

Por el día, la tormenta continuaba. Algunos daños se habían reparado. Los ingleses trabajaban día y noche, pues querían llevar al mayor navío del mundo hasta Gibraltar.

Todo el día 22, el mar agitado llevaba y traía al inmenso navío como débil barca de pescadores. ¡Cuántas veces creímos que nos íbamos a hundir en el mar!

Veíamos por todas partes restos rotos de navíos. Vimos, en medio de todo esto, a dos marineros agarrados a un palo. Inmediatamente los ingleses corrieron a ayudarlos.

La situación del *Trinidad* era cada vez peor y por fin se decidió abandonar el navío y empezó precipitadamente el transbordo[99] con las lanchas del *Trinidad, del Prince* y de otros tres navíos ingleses. Mi amo quiso ser el último en abandonar el *Trinidad.* Esto no me gustó, pues después de mis momentos de patriotismo, mi principal preocupación ahora era salvar mi vida. Quedarme a bordo de un barco que se hundía no era el mejor modo de salvarme.

No estaba fuera la mitad de la tripulación cuando se oyó un grito:

-¡Que nos vamos a pique[100]!...

Dominados por el terror y el instinto de conservación, todos corrían en busca de las lanchas que vol-

[99] ***transbordo:*** operación para ir de un barco a otro.

[100] ***irse a pique:*** hundirse el barco en el mar, irse al fondo del mar.

V. O. nº 7 en pág. 69

vían. Se abandonaron los heridos. Se oía el lamento de los que aún estaban en el fondo que se iba llenando de agua.

En medio de tanta confusión, un solo hombre estaba en el alcázar sin prestar atención a lo que pasaba a su alrededor. Era mi amo.

Corrí hacia él, muerto de miedo, y le dije:

-¡Señor, que nos ahogamos!

Don Alonso no me hizo caso. Sólo dijo:

-¡Oh! Cómo se va a reír Paca cuando yo vuelva a casa después de esta gran derrota[101].

-¡Señor, que el barco se va a pique! -exclamé de nuevo, suplicando con gestos y voces.

Mi amo miró al mar, a las lanchas, a los hombres desesperados y ciegos. Yo busqué a Marcial. Lo llamé con toda la fuerza de mis pulmones. Entonces perdí la sensación de lo que me ocurría. No sé cómo me salvé. Cuando desperté estaba en la lancha, recostado sobre las rodillas de mi amo. Marcial llevaba el timón[102]. La lancha estaba llena de gente.

Vi alejarse en la oscuridad el negro costado del navío.

V. O. nº 7 en pág. 69

[101] ***derrota:*** pérdida de una batalla.

[102] ***timón:*** instrumento que sirve para dirigir el barco.

XII

La lancha se alejó. La oscuridad era tan fuerte que perdimos de vista al *Prince* y a las demás lanchas. Ni Marcial sabía hacia dónde íbamos.

La lancha avanzaba difícilmente por el mar en tempestad y no veíamos ningún barco. El *Prince* había desaparecido en la noche.

Por fin vimos algunas luces. Era un barco que venía en dirección contraria. Con mucha dificultad logramos acercarnos al navío.

-¡Ah del navío! -gritaron los nuestros. Enseguida contestaron en español.

Era el *Santa Ana,* que también era prisionero de los ingleses. Inmediatamente los ingleses nos hicieron subir a bordo. ¡Por fin salvados!

Pero el *Santa Ana,* después de la batalla, estaba también en muy mala situación. Iba vagando[103] sobre las olas sin control alguno. El miedo se pintaba en las caras de toda la tripulación.

Me refugié en la cámara con mi amo y estaba vendándolo[104] cuando alguien me tocó el hombro. Primero no le reconocí, pero luego lancé un grito de

[103] ***vagar:*** ir sin dirección y sin control.

[104] ***vendar:*** cubrir una herida con trozos de tela, vendas.

sorpresa: era el joven don Rafael de Malespina, el novio de mi señorita.

[105] ***abrazar:*** tomar en sus brazos, en signo de saludo.
[106] ***cariño:*** afecto, amor, amistad.

Don Alonso le abrazó[105] con mucho cariño[106]. Estaba herido en la mano y había perdido mucha sangre.

En cuanto suegro y yerno cambiaron los primeros saludos, la conversación volvió a la batalla. Mi amo contó lo sucedido en el *Santísima Trinidad,* y después añadió:

-Pero nadie me dice con seguridad lo que pasó con Gravina. ¿Ha caído prisionero o se retiró a Cádiz?

El general -contestó Malespina- sostuvo un horroroso fuego. Al final todo en el navío estaba destrozado y tuvo que retirarse hacia Cádiz acompañado de otros barcos. Puso la bandera de retirada dejando al *San Idelfonso* en manos de los enemigos y sin poder hacer nada para salvarlo.

-Y, ¿qué pasó con el *Nepomuceno*? -preguntó mi amo-. Todavía no puedo creer que Churruca ha muerto.

Malespina dijo que, desgraciadamente, él había visto la muerte de Churruca. Todos lo rodearon para escuchar la historia de la muerte de tan gran héroe.

[107] ***apuntar:*** dirigir el cañón hacia el objetivo.
[108] ***desarbolar:*** romper el árbol, el mástil del barco.

-Desde que salimos de Cádiz -dijo Malespina-, Churruca tenía el presentimiento de este gran desastre. Él conocía la inferioridad de nuestras fuerzas, y, además, confiaba poco en la inteligencia del jefe Villeneuve. A pesar de todo esto, había jurado morir antes que rendirse en la batalla. Y así fue. En medio de la batalla, viendo que no se lograba hacer nada contra un navío que estaba molestando al *San Juan,* fue él mismo a apuntar[107] el cañón y logró desarbolar[108] al contrario. Volvía a su puesto cuando una bala de cañón le alcanzó la pierna derecha del modo más doloroso en lo alto del muslo. Corrimos a sostenerle. ¡Qué horrible momento! Se debilitó rapidísimo: le vi tratando de levantar la cabeza y diciendo "Esto no es nada. Siga el fuego".

Al verse cerca ya de la muerte, quiso abandonar el mando. Llamó a Moyna, su segundo. Le dijeron que había muerto. Por fin, fue el comandante de la segunda batería quien, aunque gravemente herido, subió a tomar el mando.

La mitad de la gente estaba muerta o herida y no pudimos retirarnos con el *Príncipe de Asturias,* pues los daños causados durante la batalla eran demasiado grandes.

Churruca, en medio de su agonía, sólo pensaba en mantener la bandera en alto. El navío no debía rendirse antes de su muerte. No perdió el conocimiento hasta el último instante y sus últimas palabras fueron para su joven esposa y para Dios. Nosotros contemplábamos su cadáver, y nos parecía mentira; creíamos que se iba a despertar para mandarnos de nuevo. Al morir se llevó todo el valor, todo el entusiasmo que nos había dado.

Nuestro barco se rindió por fin, y cuando los oficiales de los diferentes navíos ingleses subieron a bordo, cada uno quería llevarse la gloria de nuestra derrota. Todos decían: "Se ha rendido a mi navío". Le preguntaron entonces al comandante para decidir la cuestión. El comandante respondió: "A todos, que a uno solo jamás nos hubiéramos rendido."

Había tantos heridos, que para evitar que muriéramos todos sin atención, nos distribuyeron en diferentes navíos. Ellos esperan llevarnos a Gibraltar, ya que no pueden llevarse el *Trinidad,* el mayor y más prestigioso de nuestros navíos.

XIII

Buena parte de la noche se pasó con la historia de Malespina y de otros oficiales. El interés de aquellas narraciones me mantuvo despierto y aún mucho después no podía dormirme. No podía dejar de pensar en Churruca, tal y como lo vi, bueno y sano, en casa de doña Flora. Así se había acabado aquella noble vida de sabio, militar y navegante que era Churruca.

Por fin, me quedé dormido pensando en todo esto, por la mañana del 23. Durante el sueño, seguía oyendo ruido de cañonazos y voces de la batalla. Al mismo tiempo soñaba que yo disparaba los cañones, que corría a todas partes animando a los artilleros. Hay que decir que en ese combate, inventado por mi cerebro, derroté a todos los ingleses habidos y por haber[109] con muchísima facilidad como en mis juegos de niño.

[109] ***habidos y por haber:*** todos sin excepción.

Al fin, todo desapareció cuando abrí los ojos. Pero, ¡qué extraño!, despierto, sentí también cañonazos; sentí el horroroso rumor de lucha y gritos de la tripulación. Creí soñar todavía; escuché con cuidado y de pronto un grito: "¡Viva el Rey!" llegó a mis oídos. No había duda. El *Santa Ana* estaba luchando de nuevo.

Salí fuera. ¿Qué estaba pasando? El tiempo se había calmado bastante; se veían algunos barcos en mal estado. Dos de ellos, ingleses, hacían fuego sobre el *Santa Ana,* que se defendía con la ayuda de otros dos, un español y un francés.

En el alcázar de popa estaba el general Alava y, aunque herido por varias partes del cuerpo, mostraba fuerzas bastantes para dirigir aquel segundo combate.

Todo lo comprendí. El heroico comandante del *Santa Ana,* don Ignacio M. de Alava, al ver acercarse unos barcos españoles, organizó la rebelión de su tripulación. Obligaron a rendirse a los ingleses que los llevaban prisioneros y pusieron la bandera española. El *Santa Ana* quedó libre. Empezó una nueva lucha, más peligrosa quizás que la primera.

Éste fue uno de los episodios más honrosos de la jornada de Trafalgar. Todo esto en un navío destruido, sin timón, con la mitad de la gente muerta o herida y el resto en una situación moral y física lamentable. Fue necesario, después de este acto de rebelión, afrontar[110] las consecuencias: dos navíos ingleses, también en muy mal estado, hacían fuego sobre el *Santa Ana.* Pero éste era socorrido por el *Asís,* el *Montañés* y el *Rayo,* tres de los que se retiraron con Gravina el día 21. Habían vuelto a salir para salvar a los prisioneros. Aquellos nobles inválidos entraron en nueva y desesperada lucha. Las heridas aún abiertas les daban más energía en el combate.

[110] ***afrontar:*** hacer frente a algo.

Se renovaron a mis ojos las acciones del día 21. El entusiasmo era grande, pero la gente era poca. Este heroico suceso ocupa sólo una breve página de nuestra Historia. Es verdad que junto al gran suceso de lo que hoy se conoce como el combate de Trafalgar, estos episodios casi desaparecen como débiles resplandores de una horrenda[111] noche.

[111] ***horrenda:*** horrible.

Busqué a mi amo. No lo encontré por ninguna parte. Por fin lo hallé[112] ocupado en apuntar un cañón. Había recogido el botafuego de un marinero herido, y con la debilitada vista de su ojo derecho buscaba, el infeliz, el punto adonde quería mandar la bala. Cuando disparó, se volvió hacia mí muy contento y me dijo:

[112] ***hallar:*** encontrar.

-¡Ah! Ahora Paca no se reirá de mí. ¡Entraremos triunfantes en Cádiz!

El *Santa Ana* salió felizmente de la pelea con la ayuda, además de los tres primeros navíos, de dos franceses y una fragata que llegaron en lo más fuerte de la batalla.

Quedamos libres de la manera más gloriosa. Pero enseguida nos dimos cuenta de que un nuevo peligro nos esperaba. El *Santa Ana* estaba en malísimo estado.

Los navíos que nos habían rescatado[113] quisieron seguir adelante y salvar también al *San Juan* y al *Bahama,* que iban llevados por los ingleses. Nosotros

[113] ***rescatar:*** salvar, liberar a un prisionero.

quedamos sólo con la ayuda de la fragata, demasiado frágil para poder remolcarnos. Nuestro navío, demasiado pesado, sin velas, era incapaz de hacer ninguna maniobra.

Por suerte, el viento nos permitía, con la ayuda de la fragata, acercarnos a Cádiz. Cinco leguas[114] nos separaban del puerto. ¡Cuánta alegría pensar que pronto estaríamos en tierra!

[114] ***legua marina:*** medida de 5.555 metros. 5 leguas = 27.775 kms.

Los navíos españoles que habían salvado al *Santa Ana* no pudieron salvar a otros, pues empezó la tormenta y tuvieron que dar media vuelta.

Aún estábamos a cuatro leguas del puerto cuando los vimos retroceder. Al ver el cielo negro y el viento cada vez más fuerte pensamos que si no llegábamos pronto a Cádiz, lo íbamos a pasar muy mal. Otra vez perdíamos la esperanza, ¡y tan cerca de la bahía!

Cayó la noche con malísimo aspecto: el cielo cargado de nubes negras y de descargas eléctricas daba al crepúsculo un aspecto pavoroso[115].

[115] ***pavoroso:*** que da mucho miedo.

La mar, cada vez más agitada, reclamaba nuevas víctimas.

El general Alava mandaba a la fragata señales de acelerar la marcha. Por el contrario, ésta bajaba las velas para resistir mejor a la violencia de la tormenta. Así la naturaleza burlaba nuestras esperanzas.

XIV

Otra cosa aumentó nuestra tristeza. Desde el rescate del *Santa Ana* no habíamos vuelto a ver al joven Malespina. Lo busqué por todas partes hasta que por fin lo encontré en uno de los sofás de la cámara.

Enseguida llamé a mi amo.

-¿Qué es eso? ¿La herida de la mano? -preguntó éste examinando al joven.

-No; es algo más -repuso don Rafael con tristeza, y señaló a su costado derecho, cerca de la cintura.

Después de este esfuerzo, quedó sin habla ni movimiento.

-¡Oh! Esto parece grave -dijo don Alonso con desaliento.

-¡Y más que grave! -dijo el cirujano que había llegado a examinarlo.

Malespina, creyéndose próximo a morir, no quería que le hicieran la cura. El médico dijo que aunque grave, la herida no era mortal, pero que si no llegábamos a Cádiz aquella noche peligraría su vida, como la de otros muchos heridos.

También Marcial estaba herido. Mi amo mandó al cirujano para asistirlo, y éste se limitó a decir que la herida no habría tenido importancia en un joven de veinticinco años: *Medio-hombre* tenía más de sesenta.

Como el *Rayo,* que tenía pocos daños, contaba con llegar seguramente al puerto, varios oficiales se reunieron y decidieron trasladar a aquel navío a muchos oficiales heridos, entre los cuales se encontraba el novio de mi amita. Don Alonso consiguió que Marcial también fuese trasladado y a mí me hizo el encargo de acompañarles como paje o enfermero, ordenándome no apartarme ni un instante de su lado. Mi amo no quiso venir con nosotros.

-La suerte -dijo- me ha traído a este buque, y en él estaré hasta que Dios decida si nos salvamos o no. Alava está muy mal; la mayor parte de la oficialidad está herida, y aquí puedo prestar algunos servicios. Si llegas antes que yo, di a Paca que yo he hecho muy bien en venir aquí, y que estoy muy contento de haber venido, y que no lo siento, no señor, no lo siento... ¿No te parece a ti que hice bien en venir?

-Pues claro; ¿eso qué duda tiene? -respondí tratando de calmar su agitación. Ésta era tan grande que no le dejaba ver la inconveniencia de consultar con un pobre paje cuestión tan grave.

-Veo que tú eres una persona razonable -añadió sintiéndose consolado con mi aprobación-. Pero Paca no ve las cosas más que por el lado de su egoísmo; y como se le ha metido en la cabeza que las escuadras y los cañones no sirven para nada, no puede comprender que yo... En fin... sé que se pondrá furiosa cuando vuelva, pues..., como hemos perdido, dirá esto y lo otro..., me volverá loco...; pero... yo no le haré caso. ¿Qué te parece a ti? ¿No es verdad que no debo hacerle caso?

-Ya lo creo -contesté-. Usted ha hecho muy bien en venir; eso prueba que es un valiente marino.

-En fin, dile que estoy bueno y sano, y que mi presencia aquí ha sido muy necesaria. La verdad es que en el rescate del *Santa Ana* he tomado parte muy principal. ¿Y qué crees tú? Aún es posible que, si el viento nos es favorable, rescatemos mañana uno o dos navíos... Sí señor... Conque adiós, Gabrielillo. Cuidado con lo que le dices a Paca.

Según lo acordado, nos transbordamos. La travesía de un navío a otro fue malísima; pero al fin llegamos al costado del *Rayo,* y con muchísimo trabajo subimos la escala.

XV

-Hemos salido de Guatemala para entrar en Guatepeor[116] -dijo Marcial cuando le pusieron sobre cubierta-. Pero donde manda capitán, no manda marinero. Él dice que entrará en Cádiz antes de media noche, y yo digo que no entra. Veremos a ver.

[116] ***salir de Guatemala para entrar en Guatepeor:*** salir de una mala situación para caer en otra peor.

V. O. nº 8 en pág. 69

-¿Qué dice usted, Marcial? ¿Que no llegaremos? -pregunté muy ansioso.

-Digo que este navío es más pesado que el plomo, y, además, traicionero. Anda mal, no tiene control y le echan el timón para aquí y él se va para allí.

En efecto: el *Rayo* era un barco de malísimas condiciones marineras. Pero a pesar de esto, como se hallaba en buen estado no parecía correr peligro. La tormenta era cada vez mayor, pero el puerto estaba cerca. De todos modos, ¿no era lógico suponer que mayor peligro corría el *Santa Ana,* desarbolado, sin timón y obligado a marchar a remolque de una fragata?

Cuando dejamos a Marcial y a Malespina con los demás heridos, escuché una voz que reconocí. Me acerqué al grupo y quedé asombrado, reconociendo al mismo don José María Malespina en persona. Corrí a él para decirle que estaba su hijo, y el buen padre suspendió las mentiras que estaba contando para ir al lado del joven herido.

-Eso que tienes no es nada -dijo, abrazando a su hijo-. Tú no estás acostumbrado a sentir heridas; eres una dama, Rafael. ¡Oh! De haber estado en la guerra del Rosellón habrías visto lo que es bueno. Aquéllas eran heridas. Ya sabes que una bala me entró por el antebrazo[117], subió hacia el hombro, dio la vuelta por toda la espalda y vino a salir por la cintura. ¡Oh, qué herida! Pero a los tres días estaba sano, mandando la artillería.

[117] ***antebrazo:*** parte inferior del brazo, desde el codo hasta la muñeca.

Los oficiales que le rodeaban le miraban con burla. Por sus risas y comentarios comprendí que durante todo el día se habían divertido con los embustes de aquel buen señor, quien no ponía freno a su lengua, ni aun en las circunstancias más dolorosas.

Dejé a don José María para ver lo que pasaba, y en cuanto puse los pies fuera de la cámara, vi la mala situación en que estaba el *Rayo*. La tormenta no sólo le impedía entrar en Cádiz, sino que le impulsaba hacia la costa donde de seguro se estrellaría contra las rocas. Oficiales y marineros daban señales de que sólo quedaba esperanza en Dios, ¡pero éste nos ayudaba tan poco desde el 21!...

El *Rayo* corría hacia el norte. En vano se ejecutaron las maniobras necesarias para poner la proa hacia el interior de la bahía. El viejo navío no quería obedecer: el viento y el mar, que corrían de Sur a Norte, lo arrastraban y nada podía hacerse para controlarlo.

Pronto nos pasamos la bahía. No quedaba duda de que el *Rayo* iba derecho a estrellarse en la costa, cerca de la salida del Guadalquivir. Se bajaron las velas. Se cortaron los palos, para evitar hundirse bajo las olas.

La pérdida del buque era ya inevitable. La única esperanza consistía en poderlo fondear cerca de la costa, para lo cual se preparó lo necesario. Disparó dos cañonazos para pedir auxilio a la playa ya cercana. Nuestra ansiedad crecía por momentos. Yo me creía cercano a la muerte. Si el buque se estrellaba, ¿quién podía cruzar el espacio de agua que le separaría de la tierra? El lugar más terrible de una tempestad es aquel en que las olas se revuelven contra la tierra. El empuje de la ola al avanzar y la violencia con que se arrastra al retirarse son tan grandes, que ninguna fuerza humana puede vencerlos.

[118] ***quilla:*** pieza que forma la base del barco y sostiene toda la armazón.

Por último, la quilla[118] del *Rayo* tocó en un banco de arena y se paró. El buque, inclinándose a uno y otro costado, hundió su popa, y, después de un crujido, quedó sin movimiento.

El *Rayo* hizo nuevos disparos y esperamos socorros con la mayor impaciencia, porque, de no venir pronto, moriríamos todos con el navío. El navío amenazaba hacerse pedazos por sus propios movimientos, y no podía tardar el momento en que quedaríamos a merced[119] de las olas.

[119] ***a merced:*** dependiendo de la voluntad de algo o de alguien.

Los de tierra no podían darnos auxilio; pero gracias a Dios un barco pequeño que se había hecho a la mar desde Chipiona, oyó los cañonazos y se nos acercó, manteniéndose a buena distancia. El comandante del *Rayo* dio las órdenes para hacer el transbordo sin precipitarse en tan peligrosos momentos.

Corrí a ver a las dos personas que me interesaban: el señorito Malespina y Marcial. Encontré al oficial de artillería en bastante mal estado, y decía a los que le rodeaban:

-No me muevan; déjenme morir aquí.

Marcial había sido llevado sobre cubierta, y estaba en el suelo sin moverse. Su aspecto me inspiró verdadero miedo. Alzó la vista cuando me acerqué a él, y tomándome la mano, dijo:

-Gabrielillo, no me abandones.

-¡A tierra! ¡Todos vamos a tierra! -exclamé yo procurando reanimarle. Pero él, moviendo la cabeza con tristeza, parecía predecir alguna desgracia.

Traté de ayudarle a levantarse; pero después del primer esfuerzo su cuerpo volvió a caer, y al fin dijo:

-No puedo.

Las vendas de su herida se habían caído. Yo lo curé como pude, consolándole y tratando de reír para animarlo. Pero el pobre viejo inclinaba la cabeza con tristeza, insensible a mis bromas y a mis consuelos.

Ocupado en esto no vi que había comenzado el embarque en las lanchas. Casi de los primeros que a ellas bajaron fueron don José María Malespina y su hijo. Mi primer impulso fue ir tras ellos, pero la imagen de Marcial herido y abandonado me contuvo. Malespina no necesitaba de mí, mientras que Marcial, casi muerto, estrechaba con su helada mano la mía, diciéndome:

-Gabriel, no me abandones.

Una vez transbordados los heridos, el embarque fue fácil para los otros. No había tiempo que perder, porque el *Rayo* se rompía por todas partes: bien pronto aquella masa iba a dejar de ser un barco. Todos corrían hacia las lanchas, y la embarcación, que se mantenía a cierta distancia, los recogía.

Me dirigí, llorando, a algunos marineros, rogándoles que llevaran a Marcial para salvarle. Pero ellos estaban ocupados en salvarse a sí mismos. Traté de levantarlo yo mismo, pero mis pocas fuerzas sólo lograron alzar del suelo sus brazos desmayados[120].

[120] ***desmayado, desmayarse:*** estar sin fuerza, sin conocimiento.

-¡Oh, esa mala gente no quiere salvarte, Marcial! -exclamé con vivo dolor.

-Déjales -me contestó-. Lo mismo da a bordo que en tierra. Márchate tú; corre, chiquillo, que te dejan aquí.

No sé qué idea me hizo sufrir más: si la de quedarme a bordo, donde de seguro moriría, o la de salir dejando solo a aquel desgraciado. Por último, más pudo la voz de la naturaleza y di algunos pasos hacia la borda. Retrocedí para abrazar al pobre viejo, y luego corrí rápido hacia el punto en que se embarcaban los últimos marineros. Eran cuatro; cuando llegué, vi que los cuatro se habían lanzado al mar y se acercaban nadando a la embarcación, que estaba como a diez o doce varas[121] de distancia.

[121] ***vara:*** aquí, unidad de medida que valía en Castilla 0,835 metros.

V. O. nº 9 en pág. 70

-¿Y yo? -exclamé con angustia viendo que me dejaban-. ¡Yo voy también, yo también!

Grité con todas mis fuerzas; pero no me oyeron o no quisieron hacerme caso. Me dispuse a arrojarme al agua, pero al instante, mis ojos dejaron de ver lancha y marineros, y ante mí no había más que la horrenda oscuridad de agua.

Todo medio de salvación había desaparecido. El barco había desaparecido también. Bajo mis pies, el casco del *Rayo* se quebraba en pedazos.

Al verme en tal situación, corrí hacia Marcial, diciendo:

-¡Me han dejado, nos han dejado!

El anciano se incorporó con muchísimo trabajo; levantó la cabeza y recorrió con la vista el espacio que nos rodeaba.

-¡Nada! -exclamó-. ¡No se ve nada! Ni lanchas, ni tierra, ni luces, ni costa. No volverán.

Al decir esto, un terrible ruido sonó bajo nuestros pies. El alcázar se inclinó violentamente de un lado, y tuvimos que mantenernos fuertemente para no caer al agua.

Marcial se dejó caer en la cubierta, y luego dijo:

-Ya no hay esperanza, Gabrielillo. Ni ellos querrán volver, ni la mar les dejaría intentarlo. Ya que Dios lo quiere, aquí hemos de morir los dos. Por mí nada me importa: soy un viejo y no sirvo para nada. Pero tú..., tú eres un niño, y...

Medio-hombre, sabiéndose cerca de la muerte, se puso a confesarme sus pecados, que eran pocos y sin gravedad.

-Ánimo Gabrielillo -decía-. La muerte del que se ahoga es muy buena. Dentro de un ratito estaremos libres, yo dando cuenta a Dios de mis pecadillos, y tú contento, danzando por el Cielo que está lleno de estrellas, y allí parece que la felicidad no se acaba nunca porque es eterna...

No pudo hablar más. Yo me agarré fuertemente al cuerpo de *Medio-hombre.* Un violento golpe de mar sacudió la proa del navío, y sentí el golpe del agua sobre la espalda. Cerré los ojos y pensé en Dios. Al mismo instante perdí toda sensación y no supe lo que ocurrió.

XVI

Volvió, no sé cuándo, a iluminar difícilmente mi espíritu la noción de la vida; sentí un frío intensísimo. Cuando mis ideas se fueron aclarando, me encontré

V. O. nº 10 en pág. 70

tendido en la playa. Algunos hombres estaban a mi alrededor . Lo primero que oí fue:

-¡Pobrecito!... Ya vuelve en sí.

Poco a poco fui volviendo a la vida. Me acordé de Marcial. Pregunté por él. Nadie pudo contestarme.

Me llevaron a una casa cercana, y allí, junto al fuego, y cuidado por una vieja, recobré la salud. Entonces me dijeron que un barco había salido a reconocer los restos del *Rayo* y así me encontraron junto a Marcial y pudieron salvarme la vida. Mi compañero de agonía estaba muerto.

Quise saber qué había sido de Malespina y nadie pudo decirme nada ni del padre ni del hijo. Pregunté por el *Santa Ana* y me dijeron que había llegado felizmente a Cádiz. Entonces decidí ponerme en camino para reunirme con mi amo. Esperé dos días para reponerme, y al fin, acompañado de un marinero que llevaba el mismo camino, me puse en marcha. Por el camino íbamos hablando sobre el combate y los naufragios que le sucedieron.

Después de contarme el combate en su navío y cómo había pasado del *Bahama* al *Santa Ana,* mi compañero dio un fuerte suspiro y calló por mucho tiempo. Pero como el camino se hacía largo y pesado, yo intenté seguir la conversación contándole lo que había visto, y, por último, mi traslado a bordo del *Rayo* con Marcial y el joven Malespina.

-¡Ah! -dijo-. ¿Es un joven oficial de artillería que fue transportado al barco y del barco a tierra en la noche el 23?

-El mismo -contesté-. Y por cierto[122] que nadie me ha informado de lo que ha pasado con él.

[122] ***por cierto:*** a propósito de esto.

-Pues ése fue uno de los que murieron en la segunda lancha, que no pudo tocar tierra. De los sanos, se salvaron algunos, entre ellos el padre de ese señor oficial de Artillería; pero los heridos se ahogaron todos, como es fácil de comprender. Los infelices no pudieron llegar nadando a la costa.

-¡Qué horrible desgracia! -exclamé-. ¿Y seré yo quien lleve tan triste noticia a su familia? Pero, señor, ¿está seguro de lo que dice?

-He visto con estos ojos al padre de ese joven quejándose amargamente y contando los detalles de la desgracia con tanta angustia, que partía el corazón. Según decía, él había salvado a todos los de la lancha, y aseguraba que había preferido salvar la vida de muchos, aun sacrificando la de su propio hijo.

No hablé más del asunto. ¡Muerto Marcial, muerto Malespina! ¡Qué terribles noticias llevaba yo a casa de mi amo! Casi estuve por un momento decidido a no volver a Cádiz. Sin embargo, era preciso presentarme a don Alonso para informarle de mi conducta.

Por fin llegamos a Cádiz. Las noticias de los desastres de la escuadra iban llegando. En las calles ocurrían a cada momento escenas de desolación cuando un recién llegado daba cuenta de los muertos que conocía, y nombraba a las personas que no iban a volver. Vi escenas de alegría mezcladas con terribles tristezas. Los cadáveres que aparecieron en la costa de Santa María sacaban de dudas a muchas familias, y otras esperaban encontrar entre los prisioneros conducidos a Gibraltar a la persona amada.

En Cádiz pude conocer en su conjunto la acción de guerra que yo, a pesar de haber asistido a ella, no conocía sino por casos particulares, pues lo largo de la línea no permitía otra cosa.

En cuanto a los franceses, no es necesario decir que tuvieron tantas pérdidas como nosotros. A excepción de los cuatro navíos que se retiraron con Dumanoir sin entrar en fuego, nuestros aliados se condujeron heroicamente en la batalla. Villeneuve peleó hasta el final y fue llevado prisionero a Gibraltar. Otros comandantes cayeron en manos de los ingleses, y algunos murieron. Sus navíos corrieron igual suerte que los nuestros.

Pero, a pesar de esos desastres, nuestra aliada, la orgullosa Francia, no pagó tan caro como España las consecuencias de aquella guerra. Francia perdía lo mejor de su marina, pero el 20 de octubre, un día antes de Trafalgar, los generales austríacos desfilaban ante Napoleón y le entregaban su espada en el campo de Ulm. Además, el dos de diciembre del mismo año, vivía en los campos de Austerlitz la más brillante acción de su reinado.

Estos triunfos atenuaron en Francia la pérdida de Trafalgar y cuando se informó a Napoleón de la victoria de sus enemigos los ingleses, se contentó con encogerse de hombros[123], diciendo: "Yo no puedo estar en todas partes."

[123] *encogerse de hombros:* gesto de resignación.

XVII

Traté de retrasar el momento de presentarme a mi amo. La inmensa pena que iba a causar anunciando la muerte del joven Malespina me angustiaba, y es que casi me sentía responsable de aquel desastre. Llegué, por fin, y entré en la casa. Aún no había tenido tiempo de decir una palabra, cuando me abrazaron estrechamente. No tardé en reconocer la cara de doña Flora ferozmente desfigurada por la alegría que mi presencia le causó. Subí y todos estaban en movimiento. Oí a mi amo que decía: "¡Ahí está! ¡Gracias a Dios!". Entré en la sala, y doña Francisca se adelantó hacia mí, preguntándome con mortal ansiedad:

-¿Y don Rafael? ¿Qué ha sido de don Rafael?

No tenía valor para decir la fatal noticia. Repitieron la pregunta, y entonces vi a mi amita que salía de una habitación inmediata, con la cara pálida, llena de angustia. Su vista me hizo romper en llanto, y no necesité pronunciar una palabra. Rosita lanzó un grito terrible y cayó desmayada.

Por espacio de un cuarto de hora no se oyeron más que gritos, llantos y sollozos, porque la familia de Malespina estaba allí también. De pronto una chillona voz hirió mis oídos. Era la voz de don José María de Malespina, que gritaba desde fuera, llamando a su mujer, a don Alonso y a mi amita. Lo que más me sorprendió fue que la voz del embustero parecía tan alegre como de costumbre. Corrimos a su encuentro y me maravillé viéndole gozoso como unas pascuas[124].

-Pero, don Rafael... -le dijo mi amo sorprendido.

-Bueno y sano -contestó don José María-. Es decir, sano, no; pero fuera de peligro, sí, porque su herida ya no ofrece cuidado. El cirujano opinaba que se

[124] ***gozoso como unas pascuas:*** alegre como un día de fiesta.

moría; pero bien sabía yo que no. ¡Cirujanitos a mí! Yo lo he curado, señores; yo, yo, por un procedimiento nuevo, que yo solo conozco.

Estas palabras cambiaron totalmente la situación. Una viva alegría sucedió a la anterior tristeza. Cuando por fin reflexionaron sobre el engaño me reprendieron[125] por el gran susto. Yo me disculpé contando lo que me habían contado, y don José María se puso furioso llamándome embustero.

[125] ***reprender:*** censurar a alguien que ha hecho algo malo.

* * *

Pasadas estas fuertes emociones, mi amo cayó en profunda melancolía: casi no hablaba. La definitiva ausencia de Marcial le quitaba el único amigo de aquella infantil vejez. Ya no tenía con quién jugar a los barquitos y se consumía en honda tristeza. Ni aun así dejaba doña Francisca de hacerle sufrir.

-Bonita la habéis hecho... ¿Qué te parece? ¿Aún no estás satisfecho? Anda, anda a la escuadra. ¿Tenía yo razón o no la tenía? ¿Aprenderás ahora? ¿Ves cómo te ha castigado Dios?

-Mujer, déjame tranquilo -contestaba dolorido mi amo.

V. O. nº 11 en pág. 70

-Y ahora nos hemos quedado sin escuadra, sin marinos, y nos quedaremos sin nada de nada si seguimos unidos con los franceses...

-Mujer... ¿Qué entiendes tú de eso? No me hagas sufrir -dijo mi amo muy contrariado.

Mi amo murió mucho después del matrimonio de su hija con don Rafael de Malespina. Esto fue dos meses después del gran suceso naval que los españoles llamaron *la del 21* y los ingleses *Combate de Trafalgar.* Mi amita se casó en Vejer y enseguida partieron para Medina-Sidonia, donde les tenían preparada casa. El mismo día, doña Francisca me ordenó ir yo también allá para ponerme al servicio de los nuevos esposos. Fui por la noche, y durante mi viaje solitario iba luchando con mis ideas y sensaciones, que oscilaban entre aceptar un puesto en la casa de los novios, o rechazarlo para siempre. Llegué a la mañana siguiente, entré en el jardín, puse el pie en el primer escalón de la puerta de la casa y allí me detuve porque mis pensamientos dominaban todo mi ser y necesitaba estar inmóvil para pensar mejor. Creo que permanecí en aquella actitud más de media hora.

De pronto, mis pensamientos se interrumpieron con el sonido de una fresca voz. Una resolución[126] súbita me arrancó de la puerta, y salí al jardín corriendo, como un ladrón que teme[127] ser descubierto.

[126] ***resolución:*** decisión.
[127] ***temer:*** tener miedo.

Mi propósito era definitivo. Sin perder tiempo salí de Medina-Sidonia, decidido a no servir ni en aquella casa ni en la de Vejer. Después de reflexionar un poco, decidí ir a Cádiz para desde allí trasladarme a Madrid. Así lo hice, y desde aquel día, ¡cuántas cosas me han pasado dignas de ser contadas! Mi destino, que ya me había llevado a Trafalgar, me llevó después a otros escenarios gloriosos o menores, pero todos dignos de memoria. ¿Queréis conocer mi vida entera? Pues esperad un poco y os diré más en otro libro.

Madrid, enero-febrero de 1873.

V.O.

V. O. nº 1, de págs. 10-11

En uno de los primeros días de octubre de aquel año funesto (1805), mi noble amo me llamó a su cuarto, y mirándome con su habitual severidad (cualidad tan sólo aparente, pues su carácter era sumamente blando), me dijo:

-Gabriel, ¿eres tú hombre de valor?

No supe al principio qué contestar, porque, a decir verdad, en mis catorce años de vida no se me había presentado aún ocasión de asombrar al mundo con ningún hecho heroico; pero al oírme llamar *hombre* me llenó de orgullo, y pareciéndome al mismo tiempo indecoroso negar mi valor ante persona que lo tenía en tan alto grado, contesté con pueril arrogancia:

-Sí, mi amo; soy hombre de valor.

Entonces aquel insigne varón, que había derramado su sangre en cien combates gloriosos, sin que por esto se desdeñara de tratar confiadamente a su leal criado, sonrió ante mí, hízome seña de que me sentara, y ya iba a poner en mi conocimiento alguna importante resolución, cuando su esposa y mi ama doña Francisca entró de súbito en el despacho para dar mayor interés a la conferencia, y comenzó a hablar destempladamente, en estos términos:

-No, no irás...; te aseguro que no irás a la escuadra. ¡Pues no faltaba más!... ¡A tus años y cuando te has retirado del servicio por viejo!...

***

V. O. nº 2, de pág. 17

A la mañana siguiente se me preparaba una gran sorpresa, y a mi ama el más fuerte berrinche que creo tuvo en su vida. Cuando me levanté vi que don Alonso estaba amabilísimo, y su esposa más irritada que de costumbre. Cuando ésta se fue a misa con Rosita, advertí que el señor se daba gran prisa por meter en una maleta algunas camisas y otras prendas de vestir, entre las cuales iba su uniforme. Yo le ayudé, y aquello me olió a escapatoria, aunque me sorprendía no ver a Marcial por ninguna parte. No tardé, sin embargo, en explicarme su ausencia, pues don Alonso, una vez arreglado su breve equipaje, se mostró muy impaciente, hasta que al fin apareció el marinero, diciendo:

-Ahí está el coche. Vámonos antes que ella venga.

***

V. O. nº 3, de pág. 19

Figúrense ustedes cuál sería mi estupor, ¡qué digo estupor!, mi entusiasmo, mi enajenación, cuando me vi cerca del *Santísima Trinidad,* el mayor barco del mundo, aquel alcázar de madera que, visto de lejos, se representaba en mi imaginación como una fábrica portentosa, sobrenatural, único monstruo digno de la majestad de los mares. [...]

Por fin llegamos al *Trinidad.* A medida que nos acercábamos, las formas de aquel coloso iban aumentando, y cuando la lancha se puso al costado, confundida en el espacio de mar donde se proyectaba, cual en negro y horrible cristal, la sombra del navío; cuando vi cómo se sumergía el inmóvil casco en el agua sombría que azotaba suavemente los costados; cuando alcé la vista y vi las tres filas de cañones asomando sus bocas amenazadoras por las portas, mi entusiasmo se trocó en miedo, púseme pálido y quedé sin movimiento, asido al brazo de mi amo.

***

V. O. nº 4, de págs. 24-25

Se mandó restablecer el orden; pero por obediente que sea un buen barco, no es tan fácil de manejar como un caballo. Con este motivo, y observando las maniobras de los barcos más cercanos, *Medio-Hombre* decía:

-La línea es más larga que el camino de Santiago. Si el *Señorito* la corta, ¡adiós mi bandera!; perderíamos hasta el modo de andar, *manque* los pelos se nos hicieran cañones. Señores, nos van a dar julepe por el centro. ¿Cómo pueden venir a ayudarnos el *San Juan* y el *Bahama,* que están a la cola, ni el *Neptuno* ni el *Rayo,* que están a la cabeza? (Rumores de aprobación.) Además, estamos a sotavento, y los casacones pueden elegir el punto que quieran para atacarnos. Bastante haremos nosotros con defendernos como podamos. Lo que digo es que Dios nos saque bien y nos libre de franceses por siempre jamás amén, Jesús.

***

V. O. nº 5, de págs. 29-30

-¡Gabrielillo, aquí!

Marcial me llamaba; acudí prontamente, y le hallé empeñado en servir uno de los cañones que habían quedado sin gente. Una bala había llevado a *Medio-hombre* la punta de su pierna de palo, lo cual le hacía decir:

-Si llego a traer la de carne y hueso...

Dos marinos muertos yacían a su lado; un tercero, gravemente herido, se esforzaba en seguir sirviendo la pieza.

-Compadre -le dijo Marcial-, ya tú no puedes ni encender una colilla.

Arrancó el botafuego de manos del herido y me lo entregó, diciendo:

-Toma, Gabrielillo; si tienes miedo, vas al agua.

Esto diciendo, cargó el cañón con toda la prisa que le fue posible, ayudado de un grumete que estaba casi ileso; lo cebaron y apuntaron; ambos exclamaron: "¡Fuego!"; acerqué la mecha, y el cañón disparó.

***

V. O. nº 6, de págs. 31-32

Cuando el espíritu, reposando de la agitación del combate, tuvo tiempo de dar paso a la compasión, al frío terror producido por la vista de tan grande estrago, se presentó a los ojos de cuantos quedamos vivos la escena del navío en toda su horrenda majestad. Hasta entonces los ánimos no se habían ocupado más que de la defensa; mas cuando el fuego cesó, se pudo advertir el gran destrozo del casco, que, dando entrada al agua por sus mil averías, se hundía, amenazando sepultarnos a todos, vivos y muertos, en el fondo del mar. Apenas entraron en él los ingleses, un grito resonó unánime, proferido por nuestros marinos:

-¡A las bombas!

Todos los que podíamos acudimos a ellas y trabajamos con ardor; pero aquellas máquinas imperfectas desalojaban una cantidad de agua bastante menor que la que entraba. De repente, un grito, aún más terrible que el anterior, nos llenó de espanto. Ya dije que 108 heridos se habían transportado al último sollado, lugar que, por hallarse bajo la línea de flotación, está libre de la acción de las balas. El agua invadía rápidamente aquel recinto, y algunos marinos asomaron por la escotilla, gritando:

-¡Que se ahogan los heridos!

***

V. O. nº 7, de págs. 36-37

Mis temores no fueron vanos, pues aún no estaba fuera la mitad de la tripulación, cuando un sordo rumor de alarma y pavor resonó en nuestro navío.

-¡Que nos vamos a pique!... ¡A las lanchas, a las lanchas! -exclamaron algunos, mientras, dominados todos por el instinto de conservación, corrían hacia la borda, buscando con ávidos ojos las lanchas que volvían. Se abandonó todo trabajo, no se pensó más en los heridos, y muchos de éstos, sacados ya sobre cubierta, se arrastraban por ella con delirante extravío, buscando un portalón por donde arrojarse al mar. Por las escotillas salía un lastimero clamor, que aún parece resonar en mi cerebro, helando la sangre en mis venas y erizando mis cabellos. Eran los heridos que quedaban en la primera batería, los cuales, sintiéndose anegados por el agua, que ya invadía aquel sitio, clamaban pidiendo socorro no sé si a Dios o a los hombres.

[...] Un solo hombre, impasible ante tan gran peligro, permanecía en el alcázar sin atender a lo que pasaba a su alrededor, y se paseaba preocupado y meditabundo, como si aquellas tablas donde ponía su pie no estuvieran solicitadas por el inmenso abismo. Era mi amo.

Corrí hacia él despavorido, y le dije:

-¡Señor, que nos ahogamos!

Don Alonso no me hizo caso, y aún creo, si la memoria no me es infiel, que sin abandonar su actitud pronunció palabras tan ajenas a la situación como éstas:

-¡Oh! Cómo se va reír Paca cuando yo vuelva a casa después de esta gran derrota.

***

V. O. nº 8, de pág. 49

-Hemos salido de Guatemala para entrar en Guatepeor -dijo Marcial cuando le pusieron sobre cubierta-. Pero donde manda capitán no manda marinero. A este condenado le pusieron *Rayo* por mal nombre. Él dice que entrará en Cádiz antes de medianoche, y yo digo que no entra. Veremos a ver.

-¿Qué dice usted, Marcial, que no llegaremos? -pregunté con mucho afán.

***

V. O. nº 9, de págs. 54-55

-¡Oh, esos malvados no quieren salvarte, Marcial! -exclamé con vivo dolor.

-Déjales -me contestó-. Lo mismo da a bordo que en tierra. Márchate tú; corre, chiquillo, que te dejan aquí.

No sé qué idea mortificó más mi mente: si la de quedarme a bordo, donde perecería sin remedio, o la de salir dejando solo a aquel desgraciado. Por último, más pudo la voz de la naturaleza que otra fuerza alguna, y di unos cuantos pasos hacia la borda. Retrocedí para abrazar al pobre viejo, y corrí luego velozmente hacia el punto en que se embarcaban los últimos marineros. Eran cuatro; cuando llegué, vi que los cuatro se habían lanzado al mar y se acercaban nadando a la embarcación, que estaba como a unas diez o doce varas de distancia.

-¿Y yo? -exclamé con angustia, viendo que me dejaban-. ¡Yo voy también, yo también!

Grité con todas mis fuerzas; pero no me oyeron o no quisieron hacerme caso. A pesar de la oscuridad, vi la lancha, les vi subir a ella, aunque esta operación apenas podía apreciarse por la vista.

***

V. O. nº 10, de págs. 56-57

Volvió, no sé cuando, a iluminar turbiamente mi espíritu la noción de la vida; sentí un frío intensísimo, y sólo este accidente me dio a conocer la propia existencia, pues ningún recuerdo de lo pasado conservaba mi mente, ni podía hacerme cargo de mi nueva situación. Cuando mis ideas se fueron aclarando y se desvanecía el letargo de mis sentidos, me encontré tendido en la playa. Algunos hombres estaban en derredor mío, observándome con interés. Lo primero que oí fue:

-¡Pobrecito!... Ya vuelve en sí.

Poco a poco fui volviendo a la vida, y con ella al recuerdo de lo pasado. Me acordé de Marcial, y creo que las primeras palabras articuladas por mis labios fueron para preguntar por él. Nadie supo contestarme.

***

V. O. nº 11, de pág. 62

Pasadas aquellas fuertes emociones, mi amo cayó en profunda melancolía; apenas hablaba; diríase que su alma, perdida la última ilusión, había liquidado toda clase de cuentas con el mundo y se preparaba para el último viaje. La definitiva ausencia de Marcial le quitaba el único amigo de aquella su infantil senectud, y no teniendo con quien jugar a los barquitos, se consumía en honda tristeza. Ni aun viéndole tan abatido cejó doña Francisca en su tarea de mortificación, y el día de mi llegada oí que le decía:

-Bonita la habéis hecho... ¿Qué te parece? ¿Aún no estás satisfecho? Anda, anda a la escuadra. ¿Tenía yo razón o no la tenía? ¡Oh! Si se hiciera caso de mí... ¿Aprenderás ahora? ¿Ves como te ha castigado Dios?

-Mujer, déjame en paz -contestaba, dolorido, mi amo.

Tareas • Tareas

Tu diccionario

Nivel II, hasta 1000 entradas en la obra adaptada.

a costa de ....
a cuestas ....
a merced ....
a pesar de ....
a remolque ....
abandonar ....
abordaje (el) ....
abordado, a ....
abrazar ....
abrir ....
absorber ....
acción (la) ....
acelerar ....
aceptar ....
acercarse ....
aclarar ....
acobardado, a ....
acompañar ....
acordar(se) ....
acostumbrar ....
actitud (la) ....
acto (el); actor (el) ....
....
acuático ....
adelante; adelantar(se) ....
....
además ....
adiós (el) ....
adonde ....
afrontar ....
agarrar(se) ....
agitar; agitación (la) ....
....
agonía (la) ....
agradable ....
agua (el) ....
agujero (el) ....
ahogar(se) ....
ahora ....
al contrario ....
alcanzar ....
alcázar (el) ....
alegrar(se); alegría (la); alegre ....
....
....
alejar(se) ....
aliado, a (el, la) ....
allá; allí ....
....
almirante (el) ....
alrededor ....
alto, a ....
alzar ....
amanecer ....
amargamente ....
amarillo, a ....

amenazar; amenazador ....
....
amigo, a (el, la) ....
amo, a (el, la); amito, a (el, la) ....
....
amor (el) ....
anciano, a (el, la) ....
angustiar; angustia (la); angustiado, a ....
....
....
....
animar; ánimo (el) ....
....
anochecer ....
ansiedad (la); ansioso, a ....
....
antebrazo (el) ....
anterior ....
antes ....
antiguo, a ....
anunciar ....
añadir ....
año (el) ....
aparecer ....
apartar(se) ....
apresar ....
aprobación (la) ....
aprovechar ....
aproximar(se) ....
apuntar ....
aquí ....
arena (la) ....
argelino, a ....
armada (la) ....
arrancar ....
arrastrar ....
arriba ....
arrojar(se) ....
artillería (la); artillero (el) ....
....
asegurar ....
asistir ....
asombrar ....
aspecto (el) ....
asunto (el) ....
atacar ....
atención (la); atentamente ....
....
atenuar ....
atrapar ....
atrás ....
atrasado, a ....
aun ....
aún ....
ausencia (la) ....
austríaco, a ....

Tu diccionario

Nivel II, hasta 1000 entradas en la obra adaptada.

auxiliar; auxilio (el) ....

....

avanzar ....
aventura (la) ....
averiar; avería (la) ....

....

ayudar; ayuda (la); ayudante (el, la) ....

....

....

azotar; azote (el) ....

....

azul ....
babor (el) ....
bahía (la) ....
bajar ....
bala (la) ....
banco de arena (el) ....
bandera (la) ....
barca (la); barco (el); barquito (el) ....

....

barrio (el) ....
bastante ....
batalla (la) ....
batería (la) ....
batir(se) ....
bello, a; belleza (la) ....

....

bendito, a ....
bergantín (el) ....
boda (la) ....
bodega (la) ....
bomba (la) ....
borda (la) ....
bota (la) ....
botafuego (el) ....
bote (el) ....
brazo (el) ....
breve ....
brillante ....
broma (la) ....
bruma (la) ....
buque (el) ....
burlar; burla (la) ....

....

buscar ....
cabeza (la) ....
cabo (el) ....
cadáver (el) ....
cadera (la) ....
caer ....
caleta (la) ....
callar ....
calle (la) ....
calmar ....
cámara (la) ....
cambiar ....
caminar; camino (el) ....

....

campana (la) ....
campo (el) ....
cansado, a (estar); cansancio (el) ....

....

cañón (el); cañonazo (el) ....

....

capitán, -a (el, la) ....
capturar ....
cara (la) ....
cargar ....
cariño (el) ....
caritativo, a ....
carpintero, a (el, la) ....
carrera (la) ....
carta (la) ....
casa (la) ....
casar(se) ....
casco (el) ....
casi ....
castigar ....
catedral (la) ....
causar ....
cavar ....
ceder ....
cegar; ciegamente ....

....

centro (el) ....
cerca; cercano, a ....

....

cerebro (el) ....
cerrar ....
cesar ....
chico, a (el, la); chiquillo, a (el, la) ....

....

chillón, -a ....
cicatriz (la) ....
cielo (el) ....
cigarrillo (el) ....
cintura (la) ....
circunstancia (la) ....
cirujano, a (el, la) ....
ciudad (la) ....
claro, a; claramente ....

....

clavado, a ....
cobarde; acobardarse ....

....

cobrar ....
coche (el) ....
cocina (la) ....
coger ....
cola (la) ....
color (el) ....
columna (la) ....

Tu diccionario

Nivel II, hasta 1000 entradas en la obra adaptada.

comandante (el)
combate (el); combatiente (el, la)
comentario (el)
comenzar
comer
compañero, a (el, la)
comparable
compartimento (el)
compasión (la)
completamente
comprender
conciencia (la)
condenar
condición (la)
conducir; conducta (la)
confesar
confiar; confianza (la)
confirmar
confusión (la)
conjunto (el)
conmover
conocer; conocido, a; conocimiento (el)
conquistar
consecuencia (la)
conseguir
conservación (la)
considerar
consistir
consolar; consuelo (el)
cónsul (el)
consultar
consumir
contar; contar con
contemplar; contemplación (la)
contener
contentar(se); contento, a (estar)
contestar
continuar
contrabandista (el, la)
contramaestre (el)
contrariado, a
control (el)
convencer
conversación (la)
convertir(se)
coraje (el)
corazón (el)
corneta (la)
correr
cortar
Corte (la)
cortesía (la)
cosa (la)
costa (la)
costado (el)
costumbre (la)
crear; creado, a
crecer
creer
crepúsculo (el)
cristiano, a
criticar
crujir
cubrir; cubierta (la)
cuenta (la)
cuerpo (el)
cuestión (la)
cuidado (el)
culpa (la)
curar
curiosidad; curioso, a
dama (la)
dar; dar la gana; darse cuenta
deber
débil; debilitar
decidir; decisión (la)
decir
dedicar
defender; defensivo, a
definitivo, a
dejar
demás
demasiado
demostrar
dentro
depósito (el)
derecho, a
derrota (la)
desaliento (el)
desaparecer
desarbolar
desarmar; desarmado, a
desarrollar

Tu diccionario

Nivel II, hasta 1000 entradas en la obra adaptada.

desastre (el); desastroso, a ....
....
descansar ....
descarga (la); descargar ....
....
describir ....
descubrir; descubierto, a ....
....
desesperación (la); desesperado, a ....
....
desfigurar ....
desfilar ....
desgracia (la); desgraciado, a; desgraciadamente ....
....
....
desmayarse; desmayado, a ....
....
desmontar ....
desolación (la) ....
desorden (el); desordenar ....
....
despacho (el) ....
despedida (la); despedir(se) ....
....
despertar; despierto, a (estar) ....
....
destituir ....
destrozar; destrozo (el) ....
....
destruir; destrucción (la) ....
....
detalle (el) ....
detener ....
determinación (la) ....
detrás ....
día (el) ....
diferente ....
dificultad (la); difícilmente ....
....
digno, a ....
Dios ....
diplomático, a ....
dirigir; dirección (la) ....
....
discreto, a ....
disculpar(se) ....
discusión (la) ....
disipar ....
disparar; disparo (el) ....
....
disponer ....
distancia (la); distante ....
....
distinguir ....
distribución (la); distribuir ....
....

diversos ....
divertido, a ....
dividir ....
doler; dolor (el); doloroso, a; dolorido, a ....
....
....
....
dominar ....
don; doña ....
....
dormir ....
dudar; duda (la) ....
....
durar ....
durante ....
eco (el) ....
edad (la) ....
efecto (el) ....
egoísmo (el) ....
ejecutar; ejecución (la) ....
....
ejemplar ....
ejercicio (el) ....
embarcar(se); embarcación (la) ....
....
embustero, a ....
emoción (la) ....
empezar ....
empuñar ....
en vano ....
enano, a (el, la) ....
encantador, -a ....
encargo (el) ....
encender ....
encima ....
encogerse de hombros ....
encontrar; encuentro (el) ....
....
enemigo (el) ....
energía (la) ....
enfermo (el); enfermero, a (el, la); enfermería (la) ....
....
....
....
engaño (el) ....
enseguida ....
entender ....
enteramente ....
entrar; entrada (la) ....
....
entregar ....
entusiasmo (el) ....
envolver; envuelto, a (estar) ....
....
episodio (el) ....
equivocar(se) ....

Tu diccionario

Nivel II, hasta 1000 entradas en la obra adaptada.

error (el)
escala (la); escalón (el)
escaparse
escaso, a
escena (la); escenario (el)
esclavitud (la); esclavo, a
escombro (el)
escuadra (la)
escuchar
esfuerzo (el)
espacio (el)
espada (la)
espalda (la)
español, -a
espanto (el); espantoso, a
espectáculo (el)
esperar; esperanza (la)
espíritu (el)
esposo, a (el, la)
estampa (la)
estar; estado (el)
estar a la deriva
estar bien empleado
estómago (el)
estrechar; estrechamente; estrecho (el)
estrellar(se); estrella (la)
estribor (el)
europeo, a
evitar
exactitud (la)
examinar
excelente
excepción (la)
excepto
exclamar
explicar
extender
extraño, a
fácil; facilidad (la); fácilmente
faltar
fama (la)
familia (la)
fantástico, a
fatal

favorable
felicidad (la); felizmente
feroz; ferozmente
fiesta (la)
fila (la)
fin (el); final (el)
flota (la)
fondear
fondo (el)
formar; forma (la)
fragata (la)
frágil
francés, a
freno (el)
frente (el)
fresco, a
frío (el)
fuego (el)
fuera de
fuerza (la); fuerte; fuertemente
funcionar
furia (la); furioso, a
futuro (el)
galleta (la)
general (el)
genio (el)
gente (la)
gesto (el)
gigante, a (el, la); gigantesco, a
gloria (la); glorioso, a
gobernar
golpe (el)
gótico, a
gran(de); grandioso, a
grave; gravedad (la); gravemente
gritar; grito (el)
grupo (el)
guerra (la)
gustar
haber
hábil; habilísimo, a
habitación (la)

Tu diccionario

Nivel II, hasta 1000 entradas en la obra adaptada.

hablar; hablador, -a
hacer; hecho (el)
hacer caso
hacha (el)
hallar
hambre (el)
helado, a
herir; herido, a; herida (la)
hermano, a (el, la)
hermoso, a
héroe (el); heroico, a; heroicamente
hijo, a (el, la)
historia (la)
hombre (el)
hombro (el)
hondo, a
honor (el); honra (la); honrosamente
hora (la)
horror (el); horroroso, a; horrible; horriblemente; horrendo, a
hoy
huir
humano, a
humo (el)
hundirse
idea (la)
igual
iluminar
imaginar; imagen (la)
impaciencia (la); impaciente
impedir
imperfecto, a
imperial
importar; importancia (la); importante
imposible
impresionar; impresión (la)
impulsar; impulso (el)
incapaz
incitar
inclinar(se)
incompetencia (la)
incomprensible
inconveniencia (la); inconveniente
incorporar
indicar
indiferencia (la)
indignar(se); indignación (la)
inevitable
infancia (la); infantil
infeliz
inferioridad (la)
infierno (el)
informar
inglés, a
inicial
inmenso, a
inmóvil
insensible
insistir
inspirar
instante (el)
instinto (el)
inteligencia (la)
intención (la)
intensísimo, a
intentar
interés (el); interesar
interior (el)
interponer(se)
interrumpir
inútil
inválido, a
ir
ir a la deriva
irreparable
irritar
irse a pique
izquierdo, a
jamás
jardín (el)
jefe, a (el, la)
jornada (la)
joven (el, la)
jugar
junto
jurar
labio (el)
lado (el)
ladrón, -a (el, la)

Tu diccionario *Nivel II, hasta 1000 entradas en la obra adaptada.*

lamento (el); lamentable ....
....
lancha (la) ....
lanzar ....
largo, a; larguísimo, a ....
....
lastre (el) ....
leer ....
legua (la) ....
lejos ....
lengua (la) ....
levantar(se) ....
librar; libre (ser, estar); libre ....
....
....
limitar ....
línea (la) ....
llamar ....
llanto (el) ....
llegar ....
llenar; lleno, a ....
....
llevar(se) ....
llorar ....
lluvia (la) ....
loco, a ....
lógico, a ....
lograr ....
luchar; lucha (la) ....
....
luego ....
luz (la) ....
machacar ....
madre (la) ....
maldito, a ....
maleta (la) ....
malherido, a ....
malo, a; malísimo, a ....
....
maltratar ....
mandar; mando (el) ....
....
manera (la) ....
maniobrar; maniobra (la) ....
....
mano (la) ....
mantener ....
mañana (la); mañana ....
....
máquina (la) ....
mar (el, la) ....
maravilla (la); maravilloso, a; maravillar(se) ....
....
....
marchar(se); marcha (la) ....
....

marido (el) ....
marina (la); marino (el); marinero, a ....
....
....
....
más ....
masa (la) ....
mástil (el) ....
matrimonio (el) ....
mayor; mayoría (la) ....
....
mecha (la) ....
médico, a (el, la) ....
mediodía (el) ....
meditación (la); meditar ....
....
melancolía (la) ....
memoria (la) ....
mente (la) ....
mentira (la) ....
mes (el) ....
meter ....
mezclar; mezcla (la) ....
....
miedo (el) ....
mientras ....
militar (el) ....
mirar ....
misa (la) ....
misterioso, a ....
mitad (la) ....
modo (el) ....
molestar ....
momento (el) ....
monstruo (el) ....
moral (la) ....
morir; mortal; muerte (la); muerto, a ....
....
....
....
mostrar ....
motivo (el) ....
mover; movimiento (el) ....
....
mucho ....
mudo, a ....
muelle (el) ....
mujer (la) ....
multiplicar ....
mundo (el) ....
muslo (el) ....
mutilar ....
nacer ....
nación (la) ....
nadar ....
nadie ....

Tu diccionario *Nivel II, hasta 1000 entradas en la obra adaptada.*

narrar; narración (la) ....

natural; naturaleza (la) ....

naufragio (el) ....
náutico, a ....
navegar; navegante (el); nave (la); navío (el); naval ....

necesitar; necesario, a ....

negro, a ....
nieto, a (el, la) ....
niño, a (el, la) ....
noble ....
noche (la) ....
noción (la) ....
nombrar; nombre (el) ....

norte (el) ....
noticia (la) ....
novio, a (el, la) ....
nube (la) ....
nuevo, a ....
nunca ....
obedecer ....
obligar ....
observar ....
obstinación (la) ....
ocasión (la) ....
octubre ....
ocupar(se) ....
ocurrir ....
oeste (el) ....
oficial (el); oficialidad (la) ....

oficio (el) ....
ofrecer ....
oír; oído (el) ....

ojo (el) ....
ola (la) ....
olvidar ....
operación (la) ....
opinar; opinión (la) ....

oponer(se) ....
ordenar; orden (la) ....

oreja (la) ....
organizar ....
orgullo (el); orgulloso, a ....

oscuridad (la); oscuro, a ....

otro, a ....
padre (el) ....
pagar ....
página (la) ....
paje (el) ....
palabra (la) ....
pálido, a ....
palo (el) ....
panorama (el) ....
papel (el) ....
paralizar ....
parecer ....
pared (la) ....
parte (la) ....
participar ....
particular ....
partir ....
pasar; paso (el) ....

pata (la) ....
patria (la); patriotismo (el) ....

pavoroso, a ....
pecado (el); pecadillo (el) ....

pecho (el) ....
pedazo (el) ....
pedir ....
pelear; pelea (la) ....

peligro (el); peligroso, a; peligrar ....

pena (la) ....
pensar; pensamiento (el) ....

perder; pérdida (la) ....

perdonar ....
perezoso, a ....
perfecto, a ....
permanecer ....
permitir ....
perro, a (el, la); perruno, a ....

persona (la); personaje (el); personal ....

pertenecer ....
pescador, -a ....
peso (el); pesado, a ....

pie (el) ....
pierna (la) ....

pieza (la) ....
pintar; pintura (la) ....
....
pirata (el, la) ....
placer (el) ....
plan (el) ....
playa (la) ....
plomo (el) ....
pobre ....
poco, a ....
poder; poderoso, a ....
....
poner ....
popa (la) ....
por cierto ....
por el contrario ....
posesión (la) ....
posible ....
posición (la) ....
precipitar; precipitadamente ....
....
predecir ....
preferir ....
preguntar; pregunta (la) ....
....
preliminar (el) ....
preocupación (la) ....
preparar ....
presenciar ....
presentar(se) ....
presentimiento (el) ....
prestar ....
prestigioso, a ....
primo, a (el, la) ....
primero, a ....
principal (el); principio (el) ....
....
prisionero, a ....
proa (la) ....
problema (el) ....
procedimiento (el) ....
procurar ....
profesión (la) ....
profundo, a ....
pronto ....
pronunciar ....
propicio, a ....
propio, a ....
proposición (la) ....
propósito (el) ....
proseguir ....
protección (la) ....
protesta (la) ....
provocar ....
próximo, a ....
proyectil (el) ....
proyecto (el) ....
prueba (la) ....
puente (el) ....
puerta (la) ....
puerto (el) ....
puesto (el) ....
pulmón (el) ....
punta (la) ....
punto (el) ....
quebrar ....
quedar(se) ....
quejar(se) ....
querer ....
quilla (la) ....
quitar(se) ....
quizá(s) ....
rápido, a; rapidísimo, a ....
....
rato (el); ratito (el) ....
....
razón (la); razonable ....
....
realmente ....
reanimar ....
rebelión (la) ....
rechazar ....
recibir ....
recién llegado, a ....
reclamar ....
recobrar ....
recoger ....
reconocer ....
reconquistar ....
recorrer ....
recostar ....
recuerdo (el) ....
reflexionar ....
refugiar(se) ....
regresar ....
reinar; reinado (el) ....
....
reír; risa (la); sonreír ....
....
....
religioso, a ....
remolcar ....
renacer ....
rendirse ....
renovar ....
reparar ....
....
repetir ....
replicar ....
reponer(se) ....
reprender ....
reprimir ....

Tu diccionario

Nivel II, hasta 1000 entradas en la obra adaptada.

reputación (la)
rescatar
reserva (la)
resistir
resolución (la)
resonar
respeto (el)
respirar
resplandor (el)
responder; responsable
resto (el)
retaguardia (la)
retirar(se); retirada (la); retirado, a
retrasar
retroceder
reunir(se)
revolver(se)
rey, reina (el, la)
rezar
rincón (el)
robar
roca (la)
rodear
rodilla (la)
rogar
romper
roto, a
ruido (el); ruidoso, a
rumor (el)
saber; sabio, a
sacar (de dudas)
saco (el)
sacrificar; sacrificio (el)
sacudir; sacudida (la)
sala (la)
salir
saludo (el)
salvaje (el, la)
salvar(se); salvado, a; salvación (la)
sangre (la); sanguinario, a
sano, a (estar)
san(to), santa (el, la)
satisfecho, a
seguir; siguiente (el)
seguridad; seguro, a; seguramente
seña (la); señal (la)
señor, a; señorito, a
sensación (la)
sentar(se)
sentir(se)
separar(se); separación (la)
ser
ser preciso
ser sonada (una cosa)
serenidad (la); sereno, a
servir; servicio (el)
siempre
siglo (el)
silencio (el)
simple
sin embargo
singular
sitio (el); situación (la)
socorrer; socorro (el)
sollozo (el)
sólo
solo, a; solitario, a
solución (la)
sombrero (el)
someter; sometido, a
sonar; sonido (el)
soñar; sueño (el)
soplar
sorprender; sorpresa (la)
sostener
subir
subir a bordo
suceder; suceso (el)
suegro, a (el, la)
suelo
suerte (la)
sufrir
superficie (la)

Tu diccionario

Nivel II, hasta 1000 entradas en la obra adaptada.

superioridad (la)
suplicar
suponer
sur (el)
suspender
suspiro (el)
susto (el)
tapar
tardar; tarde (la)
temer
tempestad (la)
temporal (el)
temprano
tendido, a
tener
terminar
terrible
terror (el)
testigo (el, la)
tiempo (el); tempestad (la)
tierra (la)
tímidamente
timón (el)
tío, a (el, la)
tirar
tocar
todavía
todo, a
tomar
tono (el)
tonto, a
tormenta (la)
tos (la)
trabajar; trabajo (el)
traer
tragedia (la)
traicionero, a
tranquilo, a
transbordar; transbordo (el)
transformar
transportar
trasladar
tratar
travesía (la)
tripulación (la)
triste; tristeza (la); tristemente
triunfo (el); triunfante
trofeo (el)
turbulento, a
último, a
unánime
único, a (el, la)
uniforme (el)
unir; unido, a
útil
vacío, a
vagar
valor (el); valiente
vanguardia (la)
vara (la)
vejez (la)
vela (la)
velozmente
vencer
vendar
vendaval (el)
venir
ver; vista (la)
verdad (la); verdadero, a
verga (la)
vestir
vez (la)
viaje (el)
víctima (la)
victoria (la)
viejo, a (el, la)
viento (el)
violencia (la); violento, a; violentamente
víveres (los)
vivir; vivo, a (estar)
volver; volver loco, a; vuelta (la)
voz (la)
yerno (el)

Guía de comprensión lectora.

1 ¿Dónde nació y se crió Gabrielillo?..

2 ¿Cuántos años tenía cuando entró al servicio de don Alonso de Cisniega?............................

3 ¿Por qué quería don Alonso volver a la escuadra?...

4 ¿Por qué se oponía doña Francisca?..

5 ¿Qué mala noticia trajo don Rafael de Malespina?..

6 ¿Quién era y cómo era el mejor amigo de don Alonso?..

7 ¿Cuál fue la reacción de Gabrielillo al llegar al Santísima Trinidad?.....................................

8 ¿Contra qué nación se batían y quién era el jefe de la flota enemiga?..................................

9 ¿Qué críticas hacían los marinos y los oficiales a Villeneuve, el almirante de la flota?..............

10 ¿Cuál fue el resultado de la batalla entre el Santísima Trinidad y sus atacantes?..................

11 ¿En qué estado quedó el Santísima Trinidad?...

12 ¿Qué navío recogió a los personajes principales y qué sorpresa tuvieron en él?....................

13 ¿Cómo fue rescatado el Santa Ana?..

14 ¿Por qué fueron transbordados al Rayo?...

15 ¿Cuál fue el final de los personajes principales, Marcial, Malespina, don Alonso, Gabrielillo?...

16 ¿Cuál fue la reacción de Napoleón ante el resultado de esta batalla?.....................................

17 ¿Por qué se le dió el nombre de "Trafalgar" a esta batalla?..

18 ¿Cuáles eran las relaciones entre Francia y España?..

19 ¿Qué consecuencias tuvo esta batalla para la marina española?...

Escribe tu ficha RESUMEN

Índice

Pág.